La idea de Rusia

Bengt Jangfeldt

La idea de Rusia

Traducción de Irene Riaño de Hoz

Alianza editorial
El libro de bolsillo

Título original: *Vi och dom. Bengt Jangfeldt om Ryssland som idé*

Publicado mediante acuerdo con Agentur Literatur Gudrun Hebel, Berlín, e International Editors' Co., Barcelona.

Diseño de colección: Estrada Design
Diseño de cubierta: Manuel Estrada
Ilustración de cubierta: Soldados rusos desfilando ante el monumento «La Madre Patria». Volvograpo, 201. © AFP / Getty Images
Selección de imagen: Carlos Caranci Sáez

PAPEL DE FIBRA
CERTIFICADA

© Bengt Jangfeldt, 2017
© de la traducción: Irene Riaño de Hoz, 2024
© Alianza Editorial, S. A., Madrid, 2024
    Calle Valentín Beato, 21
    28037 Madrid
    www.alianzaeditorial.es

ISBN: 978-84-1148-743-6
Depósito legal: M. 11.580-2024
Printed in Spain

Si quiere recibir información periódica sobre las novedades de Alianza Editorial, envíe un correo electrónico a la dirección: alianzaeditorial@anaya.es

Índice

Apéndices

El pueblo ruso es un pueblo altamente polarizado, una unión de opuestos. Puede fascinarte o decepcionarte, siempre puedes esperar de él algo inesperado, es capaz de suscitar tanto un poderoso amor como un poderoso odio. Es un pueblo que causa preocupación a los pueblos de Occidente. [...] La contradicción y la complejidad del alma rusa pueden deberse a que en Rusia chocan e interaccionan dos vertientes de la historia mundial: Oriente y Occidente. El pueblo ruso no es completamente europeo ni completamente asiático. Rusia ocupa una gran porción de la Tierra, es un enorme Oriente-Occidente, une dos mundos. Por eso, en el alma rusa siempre ha habido un choque entre dos principios: el de Oriente y el de Occidente.

Nikolái Berdiáyev

No saque conclusiones equivocadas. No somos en absoluto como ustedes. Tan solo nos parecemos. Pero somos totalmente diferentes. Solo en lo exterior los rusos no nos diferenciamos de los estadounidenses. Por dentro, somos totalmente diferentes. Nuestros valores son totalmente diferentes.

Vladímir Putin al vicepresidente de EE.UU. Joe Biden (2011)

No se debe subestimar jamás el complejo de inferioridad de mis antiguos compatriotas.

Joseph Brodsky al autor de este ensayo

Prefacio

En mi primera charla sobre historia de Rusia en la Universidad de Estocolmo, mi frase de apertura fue: «Rusia no es como ningún otro país». Era el año 1971 y yo tenía 23 años. Desde entonces, las reflexiones acerca del recorrido histórico y la identidad de Rusia me han ocupado hasta el punto de que no me ha quedado más remedio que sentarme a escribir. El resultado es este ensayo.

Desde los tiempos de Pedro el Grande hasta Vladímir Putin, el problema de la relación de Rusia con Europa y los valores europeos ha ocupado y dividido a dirigentes, pensadores y las gentes del país. La contradicción entre quienes consideran que el único camino viable para Rusia pasa por un acercamiento a Occidente y los que defienden «la vía rusa» es un fenómeno recurrente en la historia del país.

Este mismo dualismo caracteriza también otro aspecto de la historia rusa: la relación entre los gobernantes y sus gentes. Históricamente, el único tipo de relación entre gobernantes y gobernados que ha conocido Rusia ha sido una relación vertical. Durante el período zarista, el poder político lo ejercía un zar dictatorial, un autócrata; durante la era soviética, un partido comunista dictatorial, dirigido por un secretario general; durante la era postsoviética, una élite político-económica poderosa y despiadada. La relación entre el poder y la *intelligentsia*, que desde comienzos del siglo XIX aparece reflejada en la expresión «el poeta y el zar», constituye una categoría subordinada dentro de esa relación. A diferencia de las democracias occidentales, en Rusia, salvo por cortos interludios, nunca han existido elementos que equilibren el poder, como libertad en los medios de comunicación, elecciones libres, un sistema legislativo independiente, etc.

En este ensayo abordo la cultura rusa (en el sentido amplio de la noción de cultura) como un fenómeno de carácter mayoritariamente dualista, dentro del cual lo que podemos denominar «la tercera vía» —que políticamente halla expresión en el liberalismo— no ha sido nunca una alternativa viable. Aunque estoy al tanto del peligro de tales generalizaciones, me siento a la vez profundamente convencido de la pertinencia de este modelo explicativo.

En lugar de un desarrollo histórico, en el que un estadio da paso a otro de una forma más o menos orgánica, la historia de Rusia se caracteriza por una sucesión de oleadas constantes de rebelión y estancamiento, opresión y deshielo, censura y apertura, reformas y contrarreformas. Una de las consecuencias de este esquema cíclico es que ideas que se formularon originalmente hace generaciones nunca llegan a tacharse de la agenda, sino que reaparecen periódicamente y reciben una atención renovada.

Una de tales ideas es la que afirma que Rusia constituye por sí misma una civilización autónoma, no solo diferente a la occidental, sino moralmente superior a ella. Esta idea se formuló hace casi 200 años, en los tiempos de Nicolás I. Tras el colapso de la Unión Soviética, y especialmente durante la era de Putin, ha reaparecido con tal fuerza que, con el apodo de «patriotismo», ha llegado a reemplazar al comunismo como ideología de Estado.

«La idea rusa», la llamó Dostoyevski. Esta es la idea sobre la que trata el presente ensayo.

Uno

No sé, querido amigo, si has sabido ya del registro con que he sido honrado. Todos mis papeles me han sido confiscados. Ahora solo me quedan mis pensamientos: los pobres pensamientos que fueron causa de esta acción extraordinaria. Por lo demás, no puedo sino aprobar la loable curiosidad que llevó a las autoridades a querer familiarizarse con mis escritos: espero de todo corazón que les sean de provecho.

Esta cita procede de una carta que podría haber sido escrita por Alekséi Navalni en 2017, por Aleksandr Solzhenitsyn en la década de 1970, por Andréi Siniavski o Joseph Brodski en la de 1960, por Ósip Mandelshtam (o casi cualquier otro escritor soviético) en la de 1930. Pero fue escrita en 1836 por el que suele considerarse el primer filósofo ruso: Piotr Chaadáyev (1794-1856).

El registro, que tuvo lugar el 29 de octubre de 1836 en la casa de Chaadáyev, en San Petersburgo, estuvo motivado por la publicación de la primera de sus ocho *Cartas Filosó-ficas* en la revista *Telescopio*. La medida podría parecer exagerada, dado que el texto se publicó en francés y la revista contaba con no más de 800 suscriptores. ¿Qué ideas llevaron al gobierno ruso a intervenir de forma tan rápida e intransigente?

Los escritos de Piotr Chaadáyev giran en torno a dos temas principales: la filosofía de la religión y el camino histórico de Rusia. La carta publicada en *Telescopio* trataba sobre Rusia. El autor había querido publicar una de las cartas menos controvertidas, pero el editor y responsable de la publicación de la revista, Nikolái Nadezhdin, insistió en publicar la primera, aun siendo consciente del poder incendiario de su contenido.

El detonante de ese poder incendiario fue que Chaadáyev considerase que Rusia estaba fuera de la comunidad histórica universal. A diferencia de otros pueblos que han vivido épocas de «grandes sufrimientos, grandes emociones, grandes acciones», Rusia vive

atascada en su presente, sin pasado y sin futuro, en un estado de estancamiento —escribe Chaadáyev—. Nunca hemos pertenecido a ninguna de las grandes familias de la humanidad, ni a Occidente ni a Oriente, carecemos de las tradiciones de ambos. Es como si hubiéramos existido fuera del tiempo, como si la educación universal de la humanidad no hubiera pasado por nosotros.

Una consecuencia de esta exclusión histórica ha sido que «lo que en otros pueblos es un hábito, un instinto, nosotros tenemos que metérnoslo en la cabeza a la fuerza». Puesto que Rusia es una cultura basada en préstamos e imitación, «no hay un desarrollo interno, un progreso natural; las ideas nuevas barren a las viejas porque no derivan de ellas, sino que se sacan de nadie sabe dónde».

Los pueblos son seres morales, igual que los individuos –continúa Chaadáyev–. Los siglos los van educando tal y como hacen los años con las personas. De nosotros podría decirse que somos una excepción entre los pueblos. Pertenecemos a esos pueblos que no parecen formar parte integral de la humanidad, sino que existen solo para ofrecerles a otros pueblos una lección importante.

Rusia solo ha tomado prestado «el exterior engañoso y el esplendor vacío» de cosas que otros pueblos han ideado, dice Chaadáyev.

En tales circunstancias, no es posible establecer un buen orden social. Según Chaadáyev, esto solo pudo lograrse en el Occidente católico, cuya tradición de debate teológico se extendió durante el Renacimiento a otras áreas del saber. Se fundaron universidades, se redescubrió la Antigüedad, y con ella, el Derecho romano, se desarrolló la filosofía, se intercambiaron ideas, se perfeccionaron argumentos. «Buscaron la verdad y encontraron [libertad y] prosperidad»[1], afirmaba Chaadáyev, que simpatizaba con el catolicismo aunque nunca llegara a convertirse.

La Iglesia ortodoxa rusa era diferente. Según Chaadáyev, era la Iglesia la culpable de que Rusia se hubiera quedado

1. Las palabras entre corchetes fueron eliminadas por el censor cuando do el texto se publicó en *Telescopio*.

fuera del cauce dominante de la historia. El contexto era el siguiente: la Rus de Kiev, al adoptar el cristianismo en el año 988, lo hizo en su variante oriental (bizantina). En 1054 tuvo lugar la ruptura entre la Iglesia romana de Oriente y la Iglesia romana de Occidente. El cisma fue resultado de divergencias ideológicas en lo tocante tanto a la liturgia como a la doctrina. Los bizantinos querían, por ejemplo, que el pan de la comunión llevara levadura, mientras que la Iglesia de Occidente lo quería sin ella. Más relevancia tuvo el añadido —*filioque*— que introdujo la Iglesia de Occidente en el credo de Nicea en el año 325. Según la nueva fórmula, el Espíritu Santo pasó a provenir tanto del Padre como del Hijo, y no ya solo del Padre —en latín, *filioque* significa 'y el hijo'.

La oposición de la Iglesia romana de Oriente a tal añadido se debió en parte a que este se había llevado a cabo de forma unilateral, sin una consulta, pero también fue una manifestación de la actitud, por lo general más conservadora, de esta Iglesia ante los dogmas del cristianismo. Además de estos desacuerdos en torno al dogma, el conflicto reveló también una diferencia de mentalidades. Mientras que el intelecto occidental buscaba respuestas con las que respaldar la validez del dogma —¿de dónde venía realmente el Espíritu Santo?—, la Iglesia de Oriente pensaba que esta no era una pregunta que el hombre debiera tratar de responder.

La del *filioque* era una cuestión de debate teológico, pero, debido al papel dominante de la Iglesia en Rusia, acabó por adquirir una mayor relevancia cultural. Lo que se instaló en la cultura rusa fue la idea de que existían diferencias fundamentales entre Oriente y Occidente. Con el tiempo, cobró fuerza en Rusia la creencia de que la Iglesia de Occidente constituía una herejía y la civilización occidental había tomado un camino en su mayor parte equivocado.

Tras la caída de Bizancio ante los turcos en 1453, Moscovia se convirtió en la sede central de la Iglesia ortodoxa. «Han caído dos Romas, pero la tercera está en pie y jamás habrá una cuarta», rezaban las palabras del monje ruso Filoteo de principios del siglo XVI. En la Iglesia oriental rusa, los servicios se desarrollaban en eslavo eclesiástico, y no en latín como en Occidente. De este modo, en Rusia se perdieron, para el clero y para la congregación, los lazos lingüísticos —el griego y el latín— mediante los que Europa occidental mantenía el contacto con la Antigüedad.

También en la Iglesia ortodoxa había debates teológicos, pero estos tenían que ver principalmente con problemas planteados por los primeros Padres de la Iglesia y no eran intercambios intelectuales como en Occidente. «Un destino funesto nos hizo volvernos hacia la corrupta Bizancio, profundamente despreciada por otros pueblos, en busca de un código moral del que nutrirnos», afirmó Chaadáyev. A diferencia de la Iglesia de Occidente, la Iglesia ortodoxa griega predicaba la sumisión, la piedad, el ascetismo y la abnegación —cualidades que no alentaban el pensamiento independiente—. Donde el catolicismo se mostraba progresista, la Iglesia ortodoxa era reaccionaria. Un ejemplo de ello era la institución de la servidumbre, ese «tumor canceroso» que estaba destruyendo Rusia y que contaba con la aprobación de la Iglesia.

La publicación de las *Cartas filosóficas* de Chaadáyev fue severamente castigada. «El contenido es un revuelto de sandeces descerebradas, propias de un loco», declaró el emperador Nicolás I. Esta fue la primera vez en la historia de Rusia (pero en absoluto la última) que se declaró a alguien un enfermo mental por razones políticas. Chaadáyev fue puesto bajo «supervisión médica». Durante varios años, los médicos y la policía elaboraron informes acerca de su salud mental y jamás se le permitió volver a publicar. El editor también se metió en problemas: *Telescopio* fue prohibida y a Nadezhdin lo expulsaron de la capital.

El motivo de que las autoridades intervinieran de un modo tan radical fue que las ideas de Chaadáyev iban en contra de la ideología dominante en la Rusia de la década de 1830. La reacción no se hizo esperar. En una réplica directa a la afirmación de Chaadáyev de que Rusia vivía «atascada en su presente, sin pasado y sin futuro», el jefe del servicio de seguridad ruso, Aleksandr Benckendorff, declaró que «Rusia ha tenido un pasado digno de maravilla, su presente es más que magnífico y, por lo que respecta a su futuro, es más avanzado que cuanto pueda figurarse la imaginación más desbordada».

Si las *Cartas filosóficas* de Chaadáyev resonaron como un toque de advertencia en los oídos de las autoridades, para la emergente *intelligentsia* rusa funcionó como un despertador. Que uno pudiera, como había hecho Chaadáyev, ponerse a reflexionar sobre la historia con libertad y desde una postura controvertida era algo nuevo en Rusia, que era una cultura joven y sin tradición filosófica. En sus memorias, el filósofo y escritor Aleksandr Herzen describió las *Cartas* como «un disparo resonando en la noche oscura» que abrió los ojos a su generación ante la realidad de la situación de Rusia.

El Estado ruso tiene sus raíces en el siglo IX, pero el Estado al que Chaadáyev se enfrentó con su carta era un imperio autocrático, creado en su forma moderna por Pedro el Grande (1672-1725) unos cien años antes. Pedro ocupa un puesto especial tanto en la historia como en la conciencia histórica de Rusia. Marca un punto de inflexión respecto al cual todos los ocupantes posteriores del trono ruso han tenido que posicionarse. La forma de entender la figura de Pedro el Grande y su obra también fue una cuestión clave en las conversaciones sobre la identidad nacional rusa que siguieron a la publicación de la carta de Chaadáyev. El filósofo Nikolái Berdiáyev formuló el problema de la siguiente manera:

> ¿Es el camino de Rusia el mismo que el de Europa occidental, esto es, el camino del progreso universal y la civilización universal, y es el único rasgo distintivo de Rusia su atraso, o tiene Rusia su propio camino y pertenece a un tipo de civilización diferente?

Dos

El papel central de Pedro el Grande en la historia de Rusia se debe a la enorme y trascendental reforma que se llevó a cabo durante su reinado. Cuando Pedro subió al trono a finales del siglo XVII, el desarrollo intelectual que Europa llevaba experimentando desde el Renacimiento no había tocado Rusia. Esto se debía en parte a que grandes áreas del país habían estado gobernadas por los mongoles durante doscientos años, hasta 1480, pero, principalmente, era fruto de su vinculación histórica con la Iglesia de Oriente. De los quince millones de habitantes del país, solo medio millón sabía leer y escribir; no había escuelas no religiosas, ni institutos, universidades o academias, ni científicos, ni literatura (¡cien años después de Shakespeare, cuatrocientos años después de Dante!), ni prácticamente ninguna clase de vida intelectual en general. Además, Rusia no producía nada que pudiera exportarse, a excepción de materias primas como mineral de hierro, lino, brea, madera, miel y pieles.

En otras palabras, Rusia era un país profundamente subdesarrollado, atrasado respecto a Europa occidental en casi todos los ámbitos: cultura, tecnología, administración, desarrollo militar y económico. Si observamos un mapa de Europa del siglo XVII, el país se nos muestra como un territorio casi desconocido, una *terra incognita*. Apenas hay lugares señalados; aparte de viajeros ocasionales, en su mayor parte representantes diplomáticos, nadie había estado allí. Una expresión del aislamiento espiritual y político de Rusia era la costumbre que el zar tenía de lavarse las manos cada vez que la estrechaba a un visitante extranjero para evitar contaminarse de ideas heréticas.

Aunque a lo largo de los siglos XV y XVI se había producido una cierta interacción con Occidente, solo tras la subida al trono de la dinastía Románov a principios del siglo XVII se puede hablar propiamente de una influencia occidental en Rusia. Lo que impulsó al Estado ruso a activar sus contactos con Occidente fue la necesidad de modernizar las fuerzas armadas. El objetivo era crear un ejército permanente, y para ello se procedió a importar armamento —cañones, rifles, barcos de guerra...—, así como ingenieros, instructores y soldados; durante la Guerra de los Treinta Años, se produjo un movimiento de grandes grupos de mercenarios por toda Europa, y muchos optaron por alistarse en Rusia.

Aunque Rusia también fabricaba herramientas de hierro para uso doméstico y militar, lo hacía en cantidad insuficiente y con una tecnología desfasada, por lo que se importaron grandes cantidades de mineral de hierro y especialistas extranjeros, sobre todo provenientes de Holanda. Los extranjeros también recibieron concesiones, y en 1632 un holandés fundó la que iba a ser una reputada industria dedicada a la metalurgia del hierro en Tula. No tardaron en seguirlo profesionales de otras actividades, como albañiles, ingenieros hidráulicos, cristaleros, fabricantes de papel, relojeros y artistas.

La llegada de trabajadores e ideas desde el extranjero en el siglo XVII fue una señal que anunciaba la próxima ruptura del aislamiento ruso. Paralelamente, se hizo todo lo posible por reducir al mínimo las influencias religiosas e ideológicas externas. Por este motivo, a los extranjeros se les asignó su propia área residencial a las afueras de Moscú. Esta recibió el nombre de *Nemetskaya sloboda* ('el asentamiento alemán'), y los ciudadanos rusos de a pie tenían prohibido el acceso. En ruso moderno, *nemetskaya* significa 'alemán', pero en aquel entonces el término servía para designar a los extranjeros en general. De hecho, los alemanes no eran mayoría en el asentamiento, que estaba poblado principalmente por holandeses, ingleses y escoceses —estos últimos, en la mayoría de los casos, eran católicos que habían huido del gobierno puritano de Oliver Cromwell—.

El asentamiento alemán se desarrolló gradualmente hasta convertirse en una pequeña ciudad a la manera de Europa occidental, con calles ordenadas, casas de ladrillo de tres pisos al estilo holandés, jardines y plazas con fuentes. A finales de siglo vivían allí 3.000 personas, que constituían un 1,5 % de la población total de Moscú, de un total de 200.000 habitantes. Por sus calles circulaban vehículos elegantes fabricados en París y en Londres. Había tres iglesias luteranas y una calvinista; los católicos, sin embargo, se veían obligados a practicar su fe en casa.

Debido a su aislamiento respecto de la sociedad rusa que lo rodeaba, el asentamiento mantuvo las costumbres y tradiciones de Europa occidental. Como varios de sus habitantes mantenían correspondencia con sus países de origen, al asentamiento llegaba información procedente de Europa occidental. Las actividades teatrales y conciertos impulsaron la construcción de un teatro en un pueblo ruso cercano. Las obras las escribía el pastor de la iglesia alemana del asentamiento, Johann Gregorius. La primera, una tragicomedia basada en la historia bíblica de Ester, fue representada en 1672, y fue la primera producción teatral en la historia de Rusia. Todas ellas estaban basadas en temas bíblicos; habrían de pasar otros cien años para que comenzaran a escribirse y representarse en Rusia obras de temática mundana.

Durante la segunda mitad del siglo XVII, el asentamiento alemán fue un núcleo de cultura e ideas occidentales dentro de Rusia. Aunque su influencia no se extendió más allá de un reducido estrato de la alta sociedad rusa, ocupa un lugar importante en la historia. Entre quienes se vieron atraídos por la atmósfera de este enclave protestante estaba el futuro zar de Rusia, el joven Pedro, el cual, por motivos políticos y sociales, pasaba allí tanto tiempo como podía. Así fue como entró en contacto con un mundo radicalmente distinto de la estrechez intelectual y el dogmatismo religioso de la corte rusa, un mundo de costumbres libres, de apertura mental y de debate, cualidades todas ellas que a Pedro le resultaban atractivas.

Pedro forjó vínculos cercanos con algunos de los extranjeros, entre ellos, el escocés Gordon y el suizo Lefort, ambos soldados de alto rango en el ejército ruso. Gracias a ellos, pronto tomó conciencia del atraso de Rusia y de la importancia de una reforma. Con el fin de aprender más acerca del mundo fuera de Rusia, Pedro emprendió un *grand tour* por Europa durante los años 1697-1698, visitando Sajonia, Holanda, Francia, Inglaterra y Austria. El trato con los extranjeros del asentamiento alemán lo había convencido de que Rusia necesitaba un cambio radical. El contacto con un mundo infinitamente más avanzado que Rusia en todas las áreas —administración pública, tecnología, fuerzas armadas, educación, cultura, etc.— reafirmó a Pedro en sus convicciones. A su regreso, emprendió un proyecto reformista sin paralelo histórico por su alcance y su intensidad, por no decir fanatismo.

Las reformas que se implementaron tocaban todas las áreas del Estado y la sociedad. Se reformó la administración pública siguiendo, en gran medida, el modelo sueco, al igual que se hizo con el sistema judicial. El país fue dividido en provincias (*gubernii*). Se instauró una oficina fiscal especial encargada de luchar contra la corrupción. Se creó una policía secreta bajo la supervisión directa del zar. La Iglesia ortodoxa perdió su estatus de independencia y quedó sometida al Estado a través del Santo Sínodo. Se introdujo la libertad de religión para los extranjeros que vivían en el país y se permitió el matrimonio entre ortodoxos y seguidores de otros credos cristianos. Se establecieron liceos y academias, y se hizo común enviar a los jóvenes nobles rusos a estudiar en el extranjero. Se crearon una marina y un ejército estables, lo cual fue condición de posibilidad para el éxito militar en la Gran Guerra del Norte contra Suecia, en la que Rusia estuvo envuelta durante la mayor parte del reinado de Pedro.

Todas las reformas, grandes y pequeñas, tenían una cosa en común: buscaban un acercamiento a Occidente. Para que Rusia pudiera incorporarse a la civilización europea, le era imprescindible adaptarse a los estándares europeos en di-

versos aspectos de carácter práctico. Se sustituyó la crono-
logía bizantina («desde la creación del mundo») empleada
por la Iglesia ortodoxa, por la del cristianismo occidental
(desde el nacimiento de Jesús). El año 7208, por ejemplo,
se convirtió en el 1700 d. C. El alfabeto, hasta entonces arcaico (el del eslavo eclesiástico), fue modernizado y simpli-
ficado y se introdujeron los números arábigos.

De toda la obra reformista de Pedro, el decreto más representativo resultó ser la prohibición de llevar barba y bi-
gote. Resulta difícil imaginar una medida más conflictiva.
En la Iglesia ortodoxa rusa, la barba era obligatoria. En palabras de Iván el Terrible, «afeitarse la barba es un pecado
que no puede lavarse ni con la sangre de todos los mártires». La barba era expresión de devoción y afeitarla era inter-
pretado como una herejía católica y hasta como signo de
homosexualidad.

La prohibición de la barba fue el comienzo simbólico de
un trabajo de reforma que se prolongaría durante los 27 años
restantes del reinado de Pedro. Al día siguiente de su retorno a Moscú en agosto de 1698, él mismo cortó con sus propias manos las barbas de algunos de los potentados reunidos
y, diez días después, se promulgó la prohibición de barbas y
bigotes, que afectaba a todos los residentes de la ciudad.
Quienes se negaron a afeitarse fueron azotados, torturados
o cosas peores.

Este decreto suscitó una fuerte oposición que se suavizó
pasados algunos años: a partir de 1705, quienes no quisieran desprenderse de su vello facial podían eximirse pagando
un impuesto especial; era un impuesto progresivo y dependía
del estatus social del portador de la barba. El resguardo del
pago consistía en un «vale por barba» —una moneda ador-

nada con bigotes y una barba—. Sacerdotes, sirvientes de la Iglesia, monjes y campesinos estaban exentos del impuesto, pero a los campesinos se les cobraba una tasa de barba de un kopek cada vez que cruzaban la aduana de la ciudad.

La batalla de Pedro contra lo que él percibía como arcaico y provinciano en el aspecto exterior de los rusos incluía también la vestimenta. En las aduanas de entrada a la ciudad se exhibían ejemplos de «auténticas» prendas: abrigos y sombreros sajones y húngaros. Si alguien trataba de entrar a la ciudad vistiendo un abrigo largo tradicional ruso, se le obligaba a arrodillarse y se cortaba el abrigo a la altura del terreno.

Por supuesto, prohibir las barbas no fue sino un detalle dentro de la transformación radical de la sociedad rusa que Pedro llevó a cabo, pero constituye un símbolo revelador de la determinación y brutalidad inflexibles con que se llevaron a cabo estas reformas. Que la prohibición de las barbas tuvo un poderoso valor simbólico se pone de manifiesto por el hecho de que ninguno de los sucesores de Pedro pudo permitirse obviar la cuestión. El último zar con barba fue el padre de Pedro, Alekséi Mijáilovich, que murió en 1676. Pasarían más de 200 años antes de que un gobernante ruso volviera a dejarse crecer la barba.

Un acto simbólico de dignidad completamente distinto a la prohibición de las barbas fue la fundación de San Petersburgo, una decisión que cambió el curso de la historia de Rusia y de Europa. El área alrededor de la boca del río Neva llevaba casi cien años bajo el dominio sueco cuando, el 1 de mayo de 1703, las fuerzas de Pedro tomaron la fortaleza sueca de Nyenschantz. Unas pocas semanas más tarde se fundó la ciudad de San Petersburgo, y en 1712 fue proclamada la nueva capital de Rusia. A nivel militar y económico, la fundación de la ciudad tuvo una enorme importancia, puesto que Rusia obtenía así un puerto en el Báltico. Antes, el comercio con Europa se había efectuado a través de Arkhangelsk y el océano Ártico. Para Pedro, la ciudad —esta «ventana a Europa», en palabras del poeta Aleksandr Pushkin— también supuso nuevas oportunidades de contacto cultural y político con Occidente.

A pesar de su nombre, la ciudad no fue bautizada en honor del emperador sino, como sugiere el epíteto de «San», del apóstol Pedro —aunque el hecho de que el zar y el apóstol tuvieran el mismo nombre no era, por supuesto, ninguna coincidencia—. Si el apóstol prestaba una identificación religiosa, Constantino el Grande, el primer emperador cristiano, fue el modelo político e imperial. Igual que el primer emperador cristiano había hecho coincidir el inicio de la nueva era con el traslado de la capital del Imperio romano a Bizancio (que pronto pasaría a llamarse Constantinopla), en el Bósforo, el amanecer del Imperio ruso fue señalado por la proclamación de San Petersburgo como capital. Cuatro años antes de su muerte, en 1721, el zar Pedro se hizo proclamar *Imperator*, el primer emperador de Rusia.

Para Pedro era importante que San Petersburgo no se pareciera a su muy detestada Moscú, símbolo de todo lo que había de bárbaro y atrasado en Rusia. Su modelo de ciudad ideal era Ámsterdam, una ciudad mercantil de construcción racional y situada a la orilla del mar. A diferencia de Moscú, una ciudad de madera, fácilmente inflamable, la nueva capital debía construirse con piedra, y la nobleza recibió orden de erigir casas de piedra en los muelles del Neva. Al igual que ocurrió, en general, con toda la obra reformista de Pedro, sus esfuerzos por construir una nueva capital en las orillas pantanosas del río estuvieron caracterizados por una determinación inquebrantable.

La fundación de San Petersburgo permitió abrir una ventana a Occidente, pero también representó un desafío a Moscú y sus antiguas tradiciones. El establecimiento de la nueva capital generó una división entre los estamentos sociales más altos, por un lado, y las grandes masas, por otro, integradas por el pueblo y la Iglesia. En los círculos teológicos, San Petersburgo era considerado la antítesis no solo de Moscú, sino de su idea de lo que constituía la verdadera Rusia. El traslado de la capital era una blasfemia, un insulto a la concepción de Moscú como «tercera Roma», y cobraron fuerza las voces que señalaban al zar como el Anticristo. Pero el proyecto de Pedro triunfó. Cien años después de su fundación, San Petersburgo se había convertido en una de las metrópolis más importantes del Báltico y una de las ciudades más grandes de Europa, con una espléndida corte imperial. La ciudad era el epítome de todo cuanto Pedro había aspirado a lograr: un acercamiento a Europa occidental y la integración de Rusia en la civilización occidental europea. El legado más importante de Pedro, además de las múltiples reformas que promovió, es esta orientación proeuropea.

Moscú, sin embargo, no cayó en el olvido, sino que sobrevivió como metrópolis tanto en la conciencia rusa como en la realidad: en adelante, Rusia tuvo, *de facto*, dos capitales, una al norte y otra al sur. San Petersburgo representaba la Rusia nueva y reformada, mientras que Moscú siguió siendo el símbolo de la Rusia original y «genuina», el corazón de la religión ortodoxa. Los emperadores y emperatrices rusos siguieron celebrando sus bodas y coronaciones en Moscú, y para quienes consideraban la obra de Pedro «blasfema» y «antirrusa» —una traición a la identidad de Rusia—, era Moscú la que representaba al país. El antagonismo entre San Petersburgo y Moscú —y entre los mitos asociados a ambas ciudades— constituye, de hecho, un motivo recurrente en la historia de Rusia y refleja la dualidad general que las reformas de Pedro generaron en la conciencia rusa, una dualidad que, de acuerdo con Nikolái Berdiáyev, «es tan típica en el destino de Rusia y el pueblo ruso, pero tan extraña para los pueblos de Occidente».

Tres

La Orden de Sucesión de 1722 dio derecho a Pedro a designar a su sucesor, cosa que no llegó a hacer antes de su repentina muerte en 1725. El que habría sido el heredero natural al trono, su hijo Alekséi, no era ya una opción, puesto que había sido torturado hasta la muerte por su padre siete años antes, acusado de traición. Durante los 35 años siguientes, Rusia iba a ser gobernada por regentes cuya tarea principal consistía en garantizar la supervivencia de la dinastía Románov. La primera fue la viuda de Pedro, Catalina (I), una antigua criada de las provincias suecas del Báltico que reinó durante un par de años. Le sucedió el nieto de Pedro: Pedro, con ordinal II, que fue nombrado emperador en 1727, a la edad de once años, y murió de viruela tres años más tarde; con él se extinguió la parte masculina de la dinastía Románov. A Pedro II le sucedió Ana (I), hija del hermano mayor de Pedro, Iván, la cual fue emperatriz desde 1730 hasta su muerte en 1740. Durante el reinado de Isabel (I), hija de

32

Pedro y Catalina, quien se hizo con el poder mediante un golpe en 1741, se instauró una cierta estabilidad; ocupó el trono de Rusia durante veinte años.

Ya al año siguiente a su subida al trono, Isabel designó un sucesor: el príncipe alemán Karl Peter Ulrich. Era hijo de Ana, la hermana mayor de Isabel, que estaba casada con Karl Friedrich de Holstein-Gottorp, quien a su vez era sobrino de Carlos XII de Suecia. En 1745, Karl Peter Ulrich se casó con la princesa alemana Sophie Friederike Auguste de Anhalt-Zerbst (la futura Catalina II la Grande). Cuando Isabel murió en 1761 y Karl Peter Ulrich fue proclamado emperador de Rusia, lo hizo con el nombre de Pedro III. Su título lo declaraba, además, «nieto de Pedro el Grande». Tanto la elección del nombre como el énfasis en este parentesco buscaban reforzar la legitimidad dinástica del nuevo emperador, que, a fin de cuentas, era una cuarta parte alemán y una cuarta parte sueco.

Pedro el Grande había comenzado la europeización de su país y, a su muerte, también su familia se europeizó. Puesto que la esposa de Pedro III era enteramente alemana, con la subida al trono del nuevo monarca, la familia imperial rusa pasó a ser alemana en tres cuartas partes, con algunas gotas de sangre sueca en sus venas. Todos los emperadores rusos posteriores contrajeron matrimonio con princesas extranjeras, sobre todo alemanas. Esto hizo que el componente no ruso dentro de la familia imperial acabara cobrando tanto peso que, cuando cayó el imperio en 1917, la dinastía no tenía de Románov más que el nombre.

La familia imperial no fue lo único que se europeizó. Pedro había puesto en marcha reformas atrevidas. ¿Quién iba a encargarse de que se llevasen a cabo? ¿Quién iba a ocupar los cargos importantes de Estado y de gobierno? ¿Quién iba a construir los barcos de guerra? ¿Quién iba a diseñar los palacios de la nueva capital? ¿Quién iba a impartir las clases en institutos y academias? Decir que había una gran escasez de trabajadores cualificados sería un eufemismo. En muchos casos había una carencia absoluta de trabajadores nacionales. Arquitectos, profesores, ingenieros y artesanos fueron importados de todos los rincones de Europa. Un ejemplo del abismo que separaba ideal y realidad fue la Academia de las Ciencias de Rusia,, fundada en 1724: durante las primeras décadas, no solo los profesores eran reclutados fuera del país, sino también los estudiantes.

Hubo, asimismo, una gran influencia extranjera en la política; durante el reinado de la emperatriz Ana I, el gobierno estuvo dominado por ministros y otros altos funcionarios de origen alemán o germano-báltico. Heinrich (en ruso, Andréi) Ostermann, nacido en Westfalia, fue vicecanciller ruso (ministro de Asuntos Exteriores) y uno de quienes negociaron el tratado de paz con Suecia en Nystad en 1721; posteriormente, su hijo Iván fue durante muchos años el ministro de Asuntos Exteriores de Catalina la Grande. Ostermann padre había acudido a Rusia convocado por Pedro el Grande. Lo mismo sucedió con Christoph von Münnich, natural del Gran Ducado de Oldenburg, un ingeniero hidráulico que fue el responsable de la construcción del canal de Ladoga, así como de otras obras importantes. Durante años, von Münnich fue labrando su camino hasta alcanzar el rango de mariscal de campo. El que ejerció un nivel de autoridad más alto fue el duque de Courland, Ernst Johann von Biron, un alemán del Báltico originario de Semgallen, en la actual Letonia, que alcanzó tal grado de influencia política que el gobierno de la emperatriz Ana pasó a conocerse con el apodo de *Bironshchina*. Más adelante en el mismo siglo y hasta bien entrado el XIX, fueron varios los alemanes procedentes de las provincias bálticas que desempeñaron papeles prominentes en los niveles tanto local como central de la administración rusa. Muchos hablaban el ruso apenas —si lo hacían—. Todos pertenecían a una aristocracia internacional que, más leal a su clase y a su posición que a su patria, escogía para quién trabajar en función de las condiciones ofertadas.

Cuatro

Pedro I sembró las primeras semillas para una Ilustración rusa, pero hicieron falta varias décadas para ver sus frutos. El problema era que los gobernantes rusos valoraban el conocimiento casi exclusivamente por sus implicaciones prácticas. La idea de que el conocimiento tuviera valor en sí mismo y de que una verdadera ilustración pudiera darse sin ir acompañada de reformas sociales y políticas son ideas que no parece habérseles ocurrido o, por lo menos, haberles atraído. Hasta el gobierno de Catalina II (1762-1796) no puede hablarse de una Ilustración rusa.

Sophie Friederike Auguste de Anhalt-Zerbst nació en Stettin y se trasladó a Rusia en 1745, al casarse con Karl Peter Ulrich. Allí se convirtió a la ortodoxia y tomó el nombre de Ekaterina Alekséyevna, con el título de Gran Duquesa de Rusia. Pedro III accedió al trono en enero de 1762, tras la muerte de la emperatriz Isabel. Catalina no tuvo que contentarse con el puesto de emperatriz consorte por mucho tiempo. Seis meses después de la subida al trono de su esposo, Catalina lo destronó (y posiblemente lo hizo asesinar también), y un par de meses más tarde fue coronada emperatriz. El golpe fue doble, ya que, a la vez que se deshizo de su esposo, privó del trono a su heredero legítimo, Pablo, el hijo de ocho años de ambos.

Pedro III era una persona inmadura y de mente débil que no debería haber ocupado siquiera un trono de menor envergadura que el ruso. Catalina era de una madera completamente distinta. Pasó sus diecisiete años como Gran Duquesa dedicada a estudiar aplicadamente. Estos estudios incluyeron el de la lengua rusa, que llegó a hablar bien, pero que escribía con una frivolidad sobre la que a ella misma le gustaba bromear. Consciente de que su origen alemán suponía una desventaja, se empapó de la historia y las tradiciones rusas. Catalina era un ratón de biblioteca, aficionada en un principio a las novelas, pero más adelante también a obras filosóficas e históricas. «Le era tan difícil vivir sin libros y pluma como a Pedro I vivir sin un hacha y un torno de carpintero», cuenta un historiador. También escribía. Su obra comprende doce volúmenes: libros moralizantes para niños, panfletos políticos, guías pedagógicas, notas autobiográficas, traducciones (entre las que se encuentra Plutarco) y, no menos importante, obras de teatro y óperas. El suyo no era un talento particularmente notable ni original, pero tenía sed de conocimientos, capacidad para asimilarlos y una buena memoria, y nutría su intelecto recurriendo ampliamente a diversas fuentes, antiguas y contemporáneas.

La más estimulante de esas fuentes contemporáneas fue Voltaire. La lectura de su obra fue una revelación y supuso un punto de inflexión para Catalina —ya nunca quiso leer «algo que no estuviera tan bien escrito y le resultara tan útil», según le dijo al filósofo francés, con quien se escribía—. También mantuvo una activa correspondencia con otras figuras emblemáticas de la Ilustración, como d'Alembert, Diderot y von Grimm. Estos dos últimos la visitaron además en San Petersburgo, y von Grimm, alemán de nacimiento, incluso sirvió brevemente como representante ruso en Hamburgo. Catalina tenía una gran fe en las ideas de la Ilustración y prometió implementarlas en Rusia. Cuando la publicación de la *Enciclopedia* francesa topó con dificultades en Francia, ofreció imprimirla en Rusia. «¡En qué tiempos vivimos! —exclamaba Voltaire en una carta a Diderot—: En Francia se persigue la filosofía, mientras que los escitas nos ofrecen su protección».

El uso de la palabra «escitas» sugiere una visión de Rusia como un país provinciano e incivilizado, como era, en efecto, el caso. Sin embargo, que el país no estuviera desarrollado no era obstáculo para las reformas. Al igual que el filósofo alemán Leibniz, que fue consejero de Pedro el Grande, Diderot veía, de hecho, el atraso de Rusia como una ventaja. En Francia, la existencia de una legislación y un reglamento sobre la propiedad más antiguos dificultaban el cambio. Por el contrario, Rusia, que carecía de leyes y tradiciones legales, cumplía todos los requisitos para llevar a cabo una reforma con éxito. «¡Cuán feliz es la nación en la que aún nada se ha hecho!», expresó Diderot en un homenaje a Catalina.

En la época en que Catalina subió al trono, la situación legal en Rusia, como en muchos otros países, era confusa y caótica. El compendio legal de 1649 seguía en vigor, pero desde entonces se habían añadido varios decretos, leyes y ordenanzas que, además, a menudo se contradecían entre sí. Así pues, Catalina decidió designar una comisión legislativa, cuyas actividades y dirección definió en 1766 en una *Nakaz* —Instrucción— compuesta de 655 artículos. El texto, escrito en francés, estaba basado principalmente en *De l'esprit des lois [Del espíritu de las leyes]* de Montesquieu de 1748, donde el autor defiende una «verdadera monarquía», en la que «un hombre no gobierna sino con la ayuda de unas leyes inmutables establecidas». En semejante sociedad ideal, los poderes legislativo, ejecutivo y judicial se mantienen separados. Otra autoridad a la que Catalina recurrió fue al filósofo y teórico del derecho penal italiano Cesare Beccaria, quien en el libro *Dei delitti e delle pene [Sobre los crímenes y los castigos],* de 1764, se opone al trato cruel a los criminales y defiende la abolición de la tortura y la pena de muerte.

En otras palabras, la Instrucción estaba enteramente fundamentada en las ideas filosóficas de la Ilustración. «Como ves, al igual que el cuervo de la fábula, me he adornado con plumas de pavo real», escribió Catalina a Federico II de Prusia, el otro gran monarca ilustrado de la época. «En esta obra, solo la organización general del material es mía, junto con alguna línea o alguna palabra aquí y allá». Sus palabras eran ciertas: 294 de los artículos estaban tomados directamente de Montesquieu, y unos 100 de Beccaria. Los demás provenían de la *Enciclopedia* francesa. Catalina no trató de ocultar sus fuentes de inspiración; al contrario, estaba ansiosa por demostrar a Europa con qué espíritu pretendía gobernar Rusia.

La emperatriz se comprometió a hacer de Rusia un país gobernado por el Derecho y respetuoso para con los derechos naturales de todas las personas. Todos serían iguales ante la ley, y la administración de la Justicia se caracterizaría por su humanidad.

> Dios prohíbe —escribió la emperatriz— que después de implementar estas medidas legislativas haya una sola nación en el mundo con un gobierno más justo que el de Rusia y, por tanto, más próspera.

En un punto fundamental difería, no obstante, de Montesquieu, el cual propugnaba una monarquía constitucional: en la Instrucción de Catalina se hablaba de un monarca soberano. Ello se debía al tamaño del país. Un gran territorio requiere de un poder absoluto: «Cualquier otro gobierno no resultaría simplemente dañino para Rusia, sino que sería devastador».

La Comisión Legislativa fue convocada en 1767 y se componía de representantes de la nobleza, la burguesía, las instituciones estatales, los cosacos, los pueblos no rusos y los campesinos del Estado. Los siervos de la gleba, que constituían la gran mayoría de la población, carecían de representación. Su situación, de hecho, se había visto empeorada a causa de una ley que les prohibía presentar quejas sobre sus amos, al tiempo que otorgaba a estos el derecho de deportarlos a Siberia. La servidumbre era un fenómeno que no encajaba bien con los ideales ilustrados, pero, con el fin de asegurarse el apoyo de la nobleza terrateniente en otras reformas, Catalina obró en este punto en contra de sus convicciones.

La Comisión Legislativa se disolvió después de solo un año en ejercicio; el motivo oficial fue la guerra contra el Imperio otomano, que comenzó en 1768 con el objetivo de proporcionar a Rusia un acceso al mar Negro. Por lo tanto, la codificación de las leyes nunca llegó a efectuarse. El único resultado oficial de este trabajo fue la decisión de otorgar a la emperatriz los títulos de «la Grande» y «la Sabia Madre de la Patria» —una alusión directa a su ilustre predecesor, quien, al ser proclamado emperador en 1721, añadió a su nombre los epítetos romanos de «el Grande» y «el Padre de la Patria»—.

La ambición de Catalina por convertir Rusia en un Estado sin parangón, con un gobierno fundamentado en el Derecho, era sin duda sincera, pero no llegó a materializarse. Tan pronto como las bases de la sociedad y su posición como monarca absoluta se vieron amenazadas, se echó atrás. Fueron principalmente dos acontecimientos los que la hicieron dudar de la viabilidad del proyecto ilustrado. El primero fue un levantamiento campesino (1773-1774), liderado por el cosaco del Don Yemelián Pugachov, que llegó a suponer una auténtica amenaza para el gobierno. El levantamiento contaba con el apoyo de grandes masas de gente a las que, además de «tierra, praderas y bosques», se les prometió el derecho a llevar barba. En un principio, las autoridades restaron importancia a la insurrección, pero una vez Pugachov se hizo con el control de grandes extensiones de tierra, el levantamiento fue aplastado y su líder, ejecutado. En un gesto representativo de su naturaleza compasiva, Catalina permitió que se decapitase al rebelde antes de que su cuerpo fuera desmembrado en cuatro partes y no al revés, como era la costumbre.

El segundo acontecimiento, que resultó decisivo, fue la Revolución francesa de 1789, que llevó a la emperatriz a distanciarse definitivamente de la Ilustración. Los bustos de los filósofos franceses fueron retirados del Hermitage y la *Enciclopedia*, que en su día se había ofrecido a imprimir, dejó de venderse en Rusia. También aumentó la presión en la política interior. El publicista y masón Nikolái Novikov —que durante mucho tiempo había gozado de la confianza de la emperatriz y publicaba revistas satíricas al estilo de los periodistas ingleses Addison y Steele— fue arrestado y encarcelado, acusado de tener «relación con sociedades secretas extranjeras», esto es, con las logias masónicas. Otro intelectual que se vio en problemas fue Aleksandr Radíshchev, cuyo libro *Viaje de Petersburgo a Moscú* arremetía furiosamente contra la institución de la servidumbre, que Catalina había contribuido a consolidar. Según Catalina, Radíshchev era «un rebelde peor que Pugachov». El libro fue prohibido y el autor, condenado a muerte, aunque evitó la pena a cambio de ser exiliado a Siberia.

A la luz de estos acontecimientos, podríamos sentir el impulso de tachar el reinado de Catalina como un fracaso político. Cierto es que sus ambiciones reformistas quedaron abandonadas cuando entraron en conflicto con una realidad que ponía en peligro su gobierno como monarca autoritaria, pero no debemos negar valor al hecho de que ensalzase las ideas de la Ilustración y animase y mantuviera contacto con sus profetas franceses. Y aunque su obra legislativa no prosperó, sirvió como ejemplo para las generaciones posteriores y dio sus frutos medio siglo después, bajo el gobierno de Alejandro II.

Durante el gobierno de Catalina se produjo también un desarrollo intelectual que, aunque modesto en comparación con lo que estaba sucediendo al mismo tiempo en Europa occidental, constituyó el germen del pensamiento independiente en Rusia. Se permitieron las imprentas privadas; se construyó el Teatro Bolshói en Moscú, así como el Teatro del Hermitage en San Petersburgo (para el cual la propia emperatriz escribía la mayoría de las obras). Muchos escritores destacados trabajaron o iniciaron su carrera durante su reinado: el poeta Gavrila Derzhavin y el poeta de fábulas Iván Krylov, así como el dramaturgo Denís Fonvizin y el novelista e historiador Nikolái Karamzín. Se fundaron varias instituciones de enseñanza, incluida una academia médica y el Instituto Smolny para doncellas de la nobleza —la primera institución educativa para niñas en Rusia—.

Si bien la emperatriz desarrolló su política en educación y cultura con tintes europeos, en el ámbito de la política exterior actuó en un espíritu marcadamente nacionalista —al contrario que Pedro III, que idolatraba a Federico II y a Prusia—. Al este, Rusia libró con éxito dos guerras contra los turcos, en el curso de las cuales se conquistó Crimea. Además, Rusia consolidó su papel como potencia protectora de la minoría ortodoxa del Imperio otomano, inclusive la zona de los Balcanes. A Catalina le hubiera gustado presenciar la caída definitiva del Imperio otomano y la restauración del Imperio cristiano de Bizancio, pero tal cosa se mantuvo como un sueño, plasmado en la copia en miniatura de la catedral de Santa Sofía de Constantinopla que hizo erigir a las afueras de Petersburgo para conmemorar las victorias rusas. Para Catalina era importante probar que ella, alemana y protestante de nacimiento, estaba preparada para luchar por la fe que como emperatriz de Rusia le correspondía defender. Por este motivo, cuando Polonia fue dividida entre Rusia, Prusia y Austria, se citó como razón de peso la preocupación por la población ortodoxa griega. Este argumento religioso (o seudorreligioso) —proteger a los eslavos ortodoxos que vivían fuera de las fronteras rusas— acabaría convirtiéndose en un tema recurrente en la política exterior rusa.

El primer capítulo de la Instrucción de Catalina declara: «Rusia es un reino europeo». Se trata de una afirmación geopolítica de importancia clave. Cuando la emperatriz murió en 1796, esta afirmación se cumplía a efectos de política exterior y, en parte, también en lo tocante al desarrollo intelectual. Sin embargo, a nivel político y social, a su muerte el país estaba casi tan poco desarrollado como cuando subió al trono. La estructura de poder no se había modificado. Rusia era una autocracia sustentada por una nobleza con privilegios casi ilimitados y en la que la mayoría de la población vivía en condiciones de cuasi esclavitud.

Así pues, Catalina dejó un legado contradictorio. Como muchos otros gobernantes europeos de su tiempo —incluido su primo, el rey sueco Gustavo III—, era y quería ser una déspota ilustrada. La distribución del peso semántico entre adjetivo y sustantivo no es obvia. Habida cuenta de todo lo que se inició —aun cuando no llegara a realizarse por completo— durante el reinado de Catalina, casi todo habla en favor del adjetivo. Bajo su gobierno, Rusia se desarrolló en una dirección decididamente europea. Sin embargo, esta europeización estuvo marcada por las mismas dificultades con que habían topado las reformas durante el reinado de Pedro el Grande. Solo alcanzó a una pequeña élite, lo que contribuyó a la división de la sociedad rusa en dos «civilizaciones»: una clase alta educada y prooccidental y una mayoría analfabeta y oprimida. Esta contradicción quedó recogida en la Instrucción, que declaraba, con términos mutuamente excluyentes, que el país era un reino europeo y una monarquía absoluta.

Cinco

Catalina murió en 1796 y su hijo Pablo la sucedió en el trono. La relación entre ambos era muy tensa por varios motivos. Uno de ellos tenía que ver con la incertidumbre existente en torno a la ascendencia de Pablo. El rumor de que su padre no había sido Pedro III sino uno de los favoritos y amantes de Catalina fue promovido por la propia emperatriz, que había impedido a su hijo acceder al trono y no lo quería como sucesor. En cuanto a Pablo, su interés primordial eran las cosas relativas al ejército, y en el palacio de Gátchina tenía un regimiento propio que le gustaba instruir al estilo prusiano. Madre e hijo eran distintos en todos los sentidos. Por ello, Pablo fue mantenido al margen de los asuntos de Estado aun cuando cumplió la mayoría de edad.

En consecuencia, Pablo llegó a odiar a su madre y su reinado estuvo marcado por un poderoso sentimiento de venganza. En su primer día como emperador devolvió la libertad a los autores Radíshchev y Novikov, a pesar de que desaprobaba sus ideas. Lo que importaba era actuar en contra de su madre. Por la misma razón, muchas de las reformas de Catalina fueron revocadas y se implementaron nuevas leyes contrarias a sus ideas. Así, por ejemplo, se prohibió la importación de libros extranjeros, y no solo en el caso de literatura política, sino también los trabajos de Goethe, Schiller, Swift y otros autores. Las imprentas privadas que Catalina había autorizado se vieron obligadas a cerrar.

El reinado de Pablo fue corto y la valoración de su legado es casi unánimemente negativa. Se le considera un déspota obcecado, que gobernó con una política inconsistente y a menudo al servicio de sus intereses personales. Una cosa que sí puede computarse a su favor es la Orden de Sucesión de 1797, que reemplazó a la ley anterior y otorgaba al monarca el derecho de elegir a su sucesor. En 1762, Catalina se había hecho con el poder mediante un golpe de Estado. El nuevo orden de sucesión, que estipulaba que el trono debía ser heredado por el hijo mayor, tenía como finalidad evitar que la historia volviera a repetirse.

A pesar de ello, el siguiente cambio de monarca ocurrió en circunstancias bastante similares a las que habían llevado al poder a la madre de Pablo: por medio de un golpe de Estado en palacio. En marzo de 1801, un grupo de altos cargos del ejército irrumpió en el dormitorio de Pablo para persuadirlo de que abdicase. El motivo era la insatisfacción generalizada por lo impredecible de su política doméstica y exterior. Cuando el emperador se negó, fue golpeado y estrangulado con una bufanda hasta morir. La causa oficial de la muerte fue una hemorragia cerebral. No está claro si el heredero al trono, Alejandro, sabía de la conspiración.

Los cuatro años en el poder de Pablo fueron un puente a caballo entre dos eras y dos gobernantes que tenían mucho en común. Aunque hacia el final de su reinado dio la espalda a las ideas ilustradas, Catalina la Grande era fundamentalmente una persona de la Ilustración, y crio a su nieto en este espíritu. De los profesores de Alejandro, el que más influyó en él fue Frédéric-César de La Harpe, un jurista suizo que, además de un firme defensor de la filosofía ilustrada, era republicano. Llegó a la corte de San Petersburgo en 1783 y se marchó de Rusia en 1794. Así pues, fue profesor de Alejandro durante los años más cruciales de su formación, de los seis a los diecisiete.

De La Harpe enseñó a Alejandro filosofía. Inculcó a su alumno las ideas relativas a la igualdad natural de los hombres, la depravación del despotismo, los beneficios del sistema de gobierno republicano, la libertad política y social, etc.; en definitiva, todo aquello a lo que debía aspirar un monarca ilustrado. Sin embargo, estas enseñanzas eran muy teóricas. Según el historiador ruso decimonónico Vasili Kliuchevski, De La Harpe era «un locuaz catecismo liberal sobre dos patas», al que le importaban poco los hechos concretos de la realidad, y menos los de la realidad rusa. Así, la educación de Alejandro hizo de él un idealista sin conocimiento de la tierra que algún día iba a gobernar; sin mención, por ejemplo, al delicado tema de la servidumbre. Otra manifestación de la falta de contacto de Alejandro con la realidad de su pueblo era que el futuro emperador tenía un mejor dominio del francés que del ruso, una lengua en la que nunca aprendió a llevar a cabo un razonamiento complejo. (Se dice que hablaba francés mejor que Napoleón, que era corso…).

El carácter del heredero al trono no solo se vio moldeado por las enseñanzas de De La Harpe, sino también por circunstancias vitales particulares que vinieron determinadas por su situación familiar. En su etapa formativa, Alejandro vivió y se vio dividido entre dos cortes: la «grande» de su abuela en San Petersburgo y la «pequeña» de su padre en Gátchina, entre las conversaciones ilustradas de los salones de Catalina y los desfiles y ejercicios militares de su padre. Tenía un encanto considerable, pero al mismo tiempo era introvertido, emocionalmente inestable y desconfiado; también aprendió rápidamente a disimular y a agradar. Son muchas las fuentes que atestiguan esta dualidad en el carácter de Alejandro. Según Napoleón, era sensato, agradable y educado, pero no se podía confiar en él: era «un auténtico bizantino».

La subida al trono de Alejandro suscitó un enorme entusiasmo y gran expectación, y no solo en Rusia. El presidente estadounidense Thomas Jefferson tenía en su estudio un busto de Alejandro, y en una carta al emperador, le hizo saber que uno de los momentos más reconfortantes de su vida había sido ver cómo accedía al poder un «soberano cuya mayor pasión es promover la felicidad y la prosperidad de su pueblo». Los comienzos del reinado de Alejandro también fueron prometedores. En su primer manifiesto, declaró que gobernaría a su pueblo de acuerdo con «el corazón y las leyes de su sabia abuela Catalina la Grande». Empezó por revocar los decretos y leyes de su padre, tal y como había hecho este con los de Catalina; los prisioneros políticos fueron perdonados; se permitió volver del exilió a 12.000 funcionarios, oficiales y soldados, y a quienes habían huido del país se les prometió una amnistía. Se autorizaron nuevamente las imprentas privadas, volvió a ser posible importar libros del extranjero y la censura se relajó.

Aunque todo esto no era más que una restauración de lo que se había prohibido, estas medidas despertaron la esperanza de reformas radicales. Según este primer manifiesto, el mayor problema de Rusia era «la arbitrariedad de su forma de gobierno» y la ausencia de «legalidad». Hacían falta unas leyes básicas, algo de lo que Rusia carecía. Con este fin, Alejandro reclutó a un grupo de individuos jóvenes y talentosos, educados en el espíritu de la Ilustración, todos ellos de entre treinta y cuarenta años (el propio emperador tenía veinticuatro), que se reunieron para discutir estos asuntos en un comité informal cuyo trabajo se prolongó durante un par de años.

Sin embargo, las reformas no tardaron en estancarse. El motivo fue la participación de Rusia en las coaliciones contra Napoleón (1805-1807). Estas guerras se cerraron con el tratado de paz de Tilsit en 1807, en el que Alejandro reconocía a Francia sus áreas de interés en Europa occidental y Napoleón dejaba vía libre a Rusia en la parte oriental. Esto supuso, entre otras cosas, que Rusia pudiera arrebatarle Finlandia a Suecia, mientras que grandes porciones del resto de Europa cayeron bajo el poder de Napoleón.

Alejandro, sin embargo, no había renunciado a la idea de tratar de reformar Rusia. Tan pronto como se firmó el tratado de paz, le encargó a Mijaíl Speranski que idease un proyecto legislativo que cambiara fundamentalmente la sociedad rusa. Speranski, hijo de un cura de pueblo, era una de las mentes más agudas de su época y un funcionario brillante. En su opinión, si se quería evitar una revolución como la francesa, se necesitaban reformas urgentes —reformas, no correcciones, pues la posibilidad de «corregir el mal con medidas individuales ya ha pasado»—. Había que tratar de salvar el gobierno autoritario antes de que fuera demasiado tarde.

En octubre de 1809, Speranski presentó un plan para introducir derechos civiles y políticos atendiendo a la clase social. Solo la nobleza tenía garantizados derechos tanto políticos como civiles. Los derechos políticos de mercaderes, burgueses y campesinos del Estado dependían de sus ingresos. A las «gentes trabajadoras» solo se les concedían derechos civiles, al igual que a los campesinos, que en el plan aparecen como «siervos». Los poderes legislativo, ejecutivo y judicial debían separarse de acuerdo con los principios de Montesquieu. El órgano político más alto era el Consejo de Estado, cuyos miembros debían ser designados por el emperador, que era también quien daba la aprobación final a todas las decisiones y propuestas legislativas. En otras palabras, el plan de Speranski, de aceptarse, no iba a alterar la posición del emperador como monarca absoluto.

A Alejandro el plan le pareció «satisfactorio y útil», pero los ministros y otros funcionarios de alto rango se opusieron, considerándolo demasiado radical. Cuando la nobleza vio que un par de los decretos que Speranski había redactado coartaba sus privilegios, también se volvió contra él. Speranski fue objeto de intrigas y calumnias, siendo acusado, entre otras cosas, de haber hecho labores de espionaje para Francia. No le quedó otra opción que dimitir, y fue exiliado de la capital. Alejandro estaba convencido de la inocencia de Speranski, pero lo sacrificó para apaciguar a la nobleza rebelde, en algunos de cuyos círculos se estaba discutiendo la idea de tratar de derrocar al emperador. Para alguien que había crecido con los golpes de Estado en palacio contra su padre y su abuelo, esta clase de amenazas suponía un lúgubre recordatorio de la realidad de la política rusa.

Mijaíl Speranski fue el primer pensador sociopolítico de la historia de Rusia, el primer «liberal», por así decirlo, afín a Francia e Inglaterra y a la cultura política de Europa occidental en general. Sus ideas se consideraron tan radicales que suscitaron la oposición no solo de quienes tenían poder y un puesto que proteger, sino también dentro de ciertos círculos intelectuales. La hermana de Alejandro, la gran duquesa Catalina, reunió a su alrededor a un grupo de personas que veían con un profundo escepticismo el programa reformista del emperador y de Speranski. Entre ellos estaba el historiador Nikolái Karamzín, quien, en su «Memorándum sobre la Vieja y la Nueva Rusia», resumió la opinión de la Rusia conservadora ante las reformas propuestas. El emperador no estaba de acuerdo con el memorándum, pero el tomar conciencia de lo extendida que estaba la oposición a las reformas podría haber contribuido en su decisión de echar a Speranski.

El memorándum de Karamzín puede considerarse el primer manifiesto del conservadurismo histórico ruso. La actitud del autor es abiertamente nacionalista. «Nos hemos convertido en ciudadanos del mundo, pero en cierto sentido hemos dejado de ser rusos», acusa Karamzín. «Los extranjeros se han hecho con la enseñanza, la corte ha olvidado la lengua rusa», escribe, en una alusión escasamente velada a la crianza del emperador. Todo esto es, en su opinión, culpa de Pedro el Grande. Sin mencionar el nombre de Speranski, se opone a las (muy cautelosas) propuestas para mejorar el estatus de los campesinos: «Para la estabilidad del

Estado es menos peligroso oprimir a la gente que darles libertad». En cuanto a las reformas institucionales propuestas, Karamzín opinaba que también podrían haber sido redactadas por jacobinos franceses: «Nuestros principios políticos no están inspirados por una enciclopedia publicada en París, sino por una enciclopedia infinitamente más antigua: la Biblia». Rusia no ha de ser gobernada por instituciones y constituciones, sino por un monarca soberano, cuya «sagrada persona es la imagen de la Patria». Según Karamzín, en Rusia el monarca es «la ley viviente» que «protege al bueno y castiga al malvado».

Mijaíl Speranski fue expulsado del cargo en marzo de 1812. Poco después, Napoleón atacó Rusia y todas las ideas de reforma quedaron aparcadas. Este fue el principio de la Guerra Patriótica, que duró dos años y terminó con una derrota devastadora para Francia. En marzo de 1814, las tropas aliadas —Rusia, Austria y Prusia— ocuparon París y el emperador francés fue exiliado, primero a Elba y después a Santa Elena.

Para Alejandro, la victoria sobre Napoleón supuso un triunfo enorme. Junto con Gran Bretaña, Rusia fue la gran vencedora de la guerra. En su marcha triunfal hacia París, el emperador ruso fue recibido por multitudes festejantes. Era el ejército ruso el que, en su camino a París, había liberado los territorios ocupados de Europa. Era algo que se había conseguido en colaboración con otros ejércitos, pero bajo el liderazgo ruso. También era Rusia la que había sufrido las pérdidas más graves en la guerra.

Durante las negociaciones de paz en Viena de 1814 a 1815, se decidió aplicar en Europa el principio de legitimidad. Esto significaba que las casas reales y las fronteras debían volver, en la medida de lo posible, a su situación previa a la Revolución francesa. Se introdujeron, sin embargo, algunas disposiciones nuevas. Por ejemplo, Noruega formó una unión personal con Suecia, mientras que Finlandia pasó al Imperio ruso como Gran Ducado. También una gran parte de Polonia, el llamado Congreso Polaco, pasó a manos de Rusia, mientras que otras partes del país fueron ocupadas por Prusia y a Austria. Simultáneamente, Gran Bretaña consolidó su estatus como gobernante de los océanos de todo el mundo y potencia colonial dominante.

Por iniciativa de Alejandro I, en 1815, Rusia, Austria y Prusia formaron la «Santa Alianza», a la que más adelante se incorporaron otros países. La alianza debía su nombre al hecho de que los tres emperadores que firmaron el tratado representaban las tres principales esferas de la cristiandad: catolicismo, protestantismo y ortodoxia. El texto del tratado, en el que se aprecia la huella de Alejandro I, está impregnado de un lenguaje marcadamente cristiano. Tanto los príncipes como sus súbditos deben tratarse unos a otros con bondad y amor en tanto que miembros de una misma nación cristiana, que no tiene

otro gobernante que Aquel a quien pertenece todo poder, pues solo en Él se encuentran todos los tesoros del amor, el conocimiento y la sabiduría infinita; esto es, Dios, nuestro Santo Salvador, las palabras del Todopoderoso, la palabra de la Vida.

El uso de esta clase de lenguaje cristiano era fruto del fanatismo religioso que se había apoderado de Alejandro. Su principal fuente de inspiración era la baronesa Juliana von

Krüdener, una mística de Swedenborg cuyo poder sobre mentes por lo demás sobrias se explica por la necesidad de buscar alternativas a la filosofía de la Ilustración, que la Revolución francesa y la guerra napoleónica habían puesto en entredicho.

La Santa Alianza fue un pacto conservador que buscaba crear en Europa un sistema de seguridad colectivo. Su función más importante era velar por las fronteras nacionales establecidas en el Congreso de Viena. Para prevenir revoluciones como la francesa, los firmantes se concedieron mutuamente el derecho a intervenir en los asuntos internos de los demás países con el fin de atajar cualquier intento por alterar el orden existente. Y así sucedió. Los levantamientos en Nápoles y Piamonte en 1821 fueron aplastados por las tropas austríacas, y el levantamiento español, dos años más tarde, por las fuerzas francesas. En palabras de Henri Troyat, el Dios al que Alejandro y el resto de los firmantes adoraban vestía uniforme de policía.

Los últimos diez años del reinado de Alejandro, después de las guerras napoleónicas, estuvieron marcados por constantes cavilaciones religiosas. El emperador estuvo algunos años bajo la influencia de un monje sin educación, Focio, conocido como milagrero, precursor de la figura de Grigori Rasputín cien años más tarde. Quienes integraban el círculo del emperador —incluido De La Harpe— vieron con asombro cómo el paladín de las ideas liberales se convertía en un charlatán religioso incapaz de dar un discurso sin aludir a Dios y a la Providencia.

Pero las reformas no se detuvieron completamente, sino que pasaron a desarrollarse en el extranjero. Los polacos obtuvieron la Constitución que Alejandro negaba a sus propios ciudadanos, y en las provincias bálticas de Livonia, Curlandia y Estonia se otorgó libertad a los campesinos, aunque con algunas restricciones. La idea era que si estas reformas daban buen resultado, con el tiempo serían aplicadas en Rusia. Pero eso no sucedió. Por el contrario, la política interior de Alejandro se volvió cada vez más conservadora, marcada por una peculiar combinación de misticismo religioso y una exigencia de orden y disciplina: los terratenientes recuperaron el derecho a enviar a sus siervos rebeldes a Siberia; se creó una policía secreta especial encargada de vigilar al ejército (esta fuerza policial estaba a su vez vigilada por agentes secretos); se prohibieron las logias masónicas y otras «sectas» no ortodoxas porque, se decía, estaban bajo la influencia de un «comité central» de librepensadores parisinos que estaba extendiendo sus tentáculos a través de Europa. Se volvió a prohibir la importación de libros; en las universidades, los profesores molestos fueron despedidos y las bibliotecas universitarias se vaciaron de todos aquellos libros que manifestaban «tendencias dañinas». Al principio de su reinado, Alejandro había apoyado al liberal Speranski, pero en este último período su consejero principal fue el general Alekséi Arakchéyev, cuyo mandato reaccionario ha pasado a la historia como *arakcheyevshchina*.

En otras palabras, Alejandro siguió los pasos dados por su abuela, la gran Catalina: del idealismo del pensamiento ilustrado a una autocracia represiva. Como señala el historiador francés Alain Besançon, esta evolución ha sido típica de todos los zares rusos y es el resultado de no permitir que la sociedad se organice por sí misma, aceptando cambios únicamente dentro del marco de la monarquía absoluta y de un Estado policial. Tan pronto como la legitimidad de la autocracia se vio amenazada, todas las ambiciones de reforma se fueron por la borda.

«[Alejandro] pasó de un tipo de culto a otro, de una religión a otra, lo removió todo pero no construyó nada», fue el veredicto del ministro de Asuntos Exteriores austríaco, el príncipe Metternich. Un observador externo que hubiera visitado Rusia durante el reinado de Catalina y hubiera retornado al final del de Alejandro no habría apreciado gran diferencia. Según el escritor francés Chateaubriand —el cual, por cierto, estaba también entre los conocidos de la baronesa von Krüdener—, Alejandro tenía «un alma fuerte pero un carácter débil», que «sembró las semillas de la civilización, pero luego quiso aplastarlas». En Europa, al emperador se le conocía por el mote de «la Esfinge del Norte». Estaba bien elegido.

Seis

Alejandro murió repentinamente en noviembre de 1825, durante un viaje al sur de Rusia. Como no tenía hijos, el más cercano al trono en la línea de sucesión era su hermano Constantino. Pero Constantino no estaba interesado en ello. Cuando murió Alejandro, era comandante en jefe en Polonia (que formaba parte del Imperio ruso), vivía en Varsovia y había contraído un matrimonio morganático con una mujer polaca. De hecho, según un acuerdo escrito con fecha de 1823, se había decidido que sería el otro hermano de Alejandro, Nicolás, quien lo sucedería. No obstante, el acuerdo se mantuvo en secreto, y cuando la noticia de la muerte del emperador llegó a San Petersburgo se produjo una gran confusión. Solo después de que Constantino abdicara y jurase lealtad a Nicolás dos veces pudo este proclamarse emperador.

Esto sucedió el 13 de diciembre. Al día siguiente, el 14 de diciembre (según el calendario juliano, empleado en Rusia hasta 1918; según el gregoriano, el día 26), tres mil soldados, liderados por alrededor de una treintena de oficiales, se negaron a jurar lealtad a Nicolás y, en su lugar, marcharon hacia la Plaza del Senado para exigir una constitución y que se proclamase emperador a Constantino. Nicolás reaccionó de manera rápida y contundente, y los rebeldes fueron acribillados por el fuego de la artillería. Setenta murieron. Algunos días más tarde se produjo un intento de golpe similar en Ucrania, pero también fue atajado.

La protesta, que fue llamada la «revuelta decembrista» (o «decabrista», por la palabra rusa para diciembre, *dekabr'*), estuvo liderada por oficiales procedentes de estamentos sociales superiores. Algunos de ellos —Trubetskói y Volkonski— habían nacido en el seno de la más alta nobleza del país. Eran muy jóvenes, la mayoría de ellos no llegaba a los treinta años. Que la nobleza —o, más bien, los hijos de la nobleza—, que tradicionalmente había sido un apoyo fiable del Imperio, fuera capaz de semejante traición supuso una fuerte sorpresa para Nicolás.

Los jóvenes oficiales se habían visto influidos por lo que habían observado en las guerras napoleónicas, en el curso de las cuales habían entrado en contacto con otras sociedades que se sustentaban en principios completamente distintos a los rusos, y que se caracterizaban por una libertad intelectual y una cultura filosófica que no existían en su tierra. No es que esta cultura les resultara completamente desconocida, pero lo que sabían de ella procedía en su mayor parte de libros. Al igual que su emperador, habían sido educados por tutores extranjeros y preferían el francés al ruso a la hora de expresarse. Sus padres pertenecían a la generación de la Ilustración de Catalina, pero el de sus padres era, en su mayor parte, la clase de librepensamiento que proclamaba sus ideas en los salones de San Petersburgo; sus hijos tenían metas más prácticas. En ellos, la fe en la razón de los padres estaba suplementada con un fuerte idealismo y una disposición personal a pasar a la acción. Estaban ansiosos por aplicar de forma práctica todas sus lecturas filosóficas y las experiencias del tiempo que habían pasado en Europa a la situación rusa. «Los padres eran rusos con el deseo ferviente de volverse franceses; los hijos eran franceses con el deseo ferviente de volverse rusos», explicó con acierto Kliuchevski.

Un resultado tangible de este deseo de los hijos por cambiar la sociedad rusa fueron las sociedades filosóficas secretas que crearon a su retorno a Rusia tras la victoria sobre Napoleón. Sus exigencias fundamentales incluían la abolición de la servidumbre, la libertad de palabra, prensa y reunión, el derecho a la propiedad, un sistema legal independiente, igualdad ante la ley y otras ideas inspiradas por la Ilustración. Estas sociedades, sin embargo, mostraban distintos grados de radicalismo: la Sociedad del Norte, en San Petersburgo, defendía una monarquía constitucional, mientras que la Sociedad del Sur, en Ucrania, reclamaba una república y era generalmente menos flexible: por ejemplo, proponía un período de transición de diez años para implementar los cambios necesarios, durante el cual el poder sería ejercido por un gobierno provisional con poderes dictatoriales. Los miembros de la Sociedad del Sur eran, en otras palabras, jacobinos rusos —y precursores ideológicos de los bolcheviques, que llevarían estos ideales a la práctica cien años más tarde—.

Siete

La revuelta decembrista fue un golpe de Estado efectuado por oficiales del ejército, como los que habían acompañado casi cada sucesión en el trono ruso desde los tiempos de Pedro el Grande. Sin embargo, en ninguna de las revueltas anteriores el objetivo había sido implementar un nuevo orden social. Ahí radicaba la gran diferencia. Aunque la revuelta fue reprimida, tiene en la historia rusa un estatus casi tan emblemático como la Revolución de Octubre de 1917.

Para el emperador recién coronado, el intento de golpe tuvo importantes consecuencias. Su primer día en el poder quedó marcado por el conflicto y el derramamiento de sangre. Al igual que su hermano mayor y antecesor en el trono, tenía muy presente el recuerdo de lo que les había sucedido a su padre y a su abuelo y casi le había sucedido a él. El juicio contra los decembristas, que duró seis meses, fue el primer gran proceso político de la historia de Rusia. De las 289 personas que fueron declaradas culpables, cinco —los dirigentes de las sociedades secretas— fueron ahorcados. Los demás fueron condenados a cadena perpetua, deportados de por vida a Siberia, encarcelados o degradados al rango de soldados rasos.

A juicio de Nicolás, poco permitía dudar que la revuelta decembrista había estado inspirada por ideas procedentes de Europa occidental. Al mismo tiempo, no podía ignorar los problemas en la política doméstica que habían impulsado a los decembristas a poner en peligro sus carreras y sus vidas. Así pues, estudió sus ideas en detalle. La cuestión más importante tenía que ver con la situación del campesinado. En torno a un 80 % de los 52 millones de personas que constituían la población del país eran siervos vinculados o bien a terratenientes privados o bien al Estado. Nicolás estaba convencido de los efectos negativos de la servidumbre a nivel humano y económico, pero aun así no le parecía posible abolirla. Además de las dificultades prácticas, Nicolás, al igual que sus predecesores, tenía miedo a la oposición que anticipaba por parte de los terratenientes, que constituían uno de los pilares más poderosos del Imperio. «No hay duda de que la servidumbre tal como existe hoy en día es un mal cada vez mayor y más evidente, pero las consecuencias de intervenir en este preciso momento serían aún más devastadoras», explicó Nicolás, valiéndose de un argumento que, según el historiador ruso Andréi Zorin, tiene una «utilidad infinita» en la historia de Rusia: «Un problema político evidente no puede corregirse por miedo a que el Estado se vea sacudido hasta los cimientos».

Lo mismo sucedía con otras reformas necesarias. Consciente de los problemas del país, Nicolás aprobó numerosas reformas que, no obstante, nunca llegaron a implementarse.

Admiraba a Pedro el Grande, leía todo lo que encontraba sobre él, pero siguió sus pasos solo de manera parcial. Recogió de Pedro la identificación entre emperador y Estado, pero renegó de los ideales ilustrados que lo habían guiado. En lugar de una reforma, durante el gobierno de Nicolás I la sociedad rusa experimentó un desarrollo en una dirección fuertemente conservadora. El objetivo que primaba sobre cualquier otra meta era garantizar la estabilidad política y social. El ideal de Nicolás era una sociedad marcada por el orden y la disciplina, que funcionase de forma «racionalizada y expeditiva». Como su padre y su hermano, sentía obsesión por el ejército, por los desfiles, uniformes e instrucciones militares; de ahí era de donde tomaba inspiración y ejemplo. La administración se militarizó y la mayoría de los ministros eran oficiales de alto rango.

El Imperio ruso era enorme y siempre había tenido un poder central fuerte, que se reforzó aún más durante el reinado de Nicolás: se creó un gigantesco aparato burocrático y policial con el fin de mantener todas las manifestaciones de la vida social bajo vigilancia; las labores políticas y administrativas se realizaban en comités secretos en lugar de en ministerios y agencias, y para cada problema importante que surgía se creaba un nuevo comité. La burocracia, que cuando Nicolás subió al trono ya era un aparato administrativo enorme, creció descontroladamente bajo su reinado. En 1842, por ejemplo, el número de asuntos oficiales pendientes en el Imperio se estimaba en 33 millones.

La estructura vertical de la monarquía absoluta fue perfeccionada bajo el gobierno de Nicolás. El aparato estatal estaba completamente subordinado al poder personal del emperador. Para ejercer este poder de la manera más eficiente posible, Nicolás creó un órgano que controlaba todas las demás instituciones. La Cancillería de Su Majestad, que bajo su predecesor se había ocupado principalmente de cuestiones de secretaría, Nicolás la transformó en una organización compuesta por cinco secciones que, del mismo modo que los comités secretos, estaban directamente a su cargo. Las más importantes eran la tercera, la «policía secreta», y la segunda, que se ocupaba de asuntos legales.

El trabajo de la segunda sección estaba dirigido por Mijaíl Speranski, que había recobrado el favor real y quien, por encargo de Nicolás, reunió en solo tres años todas las leyes promulgadas a lo largo de la historia de Rusia en 45 volúmenes. El fruto de este proyecto historicista agradó al emperador, pero cuando Speranski propuso a Nicolás elaborar un código con las leyes vigentes, fue rechazado de plano.

La sección con peor fama era la tercera, liderada por el general y conde Alexander Benckendorff, uno de los muchos «alemanes» que trabajaban en el funcionariado ruso. La tarea de esta sección consistía en recopilar información sobre el clima social del país, mantener bajo vigilancia la prensa y la publicación de libros, así como a individuos políticamente dudosos, controlar a los ciudadanos extranjeros en Rusia, destapar a los esparcidores de «falsos rumores», leer correspondencias privadas, etc. También debía combatir la arbitrariedad y la corrupción dentro del aparato estatal. En la década de 1840 se creó una agencia secreta encargada de vigilar a los rusos en el extranjero. La tercera sección incluía también una fuerza policial compuesta por 6.000 gendarmes, liderada asimismo por Benckendorff. El líder de la sección —que era un hombre educado y, para la época y las circunstancias, bastante tolerante— recibió también un encargo bastante especial. Para evitar la deportación, el mejor poeta de Rusia, Aleksandr Pushkin, había accedido a que el emperador actuase como su censor personal. Sin embargo, en la práctica, era Benckendorff quien se ocupaba de la tarea de examinar sus textos.

Las sospechas de Nicolás se dirigían principalmente hacia los soberbios «librepensadores», los intelectuales. Si la revuelta decembrista había sido la primera señal de aviso, la revolución de París y el levantamiento polaco de 1830 acabaron de confirmar a sus ojos la influencia destructiva de las ideas de la Ilustración. El levantamiento en Polonia fue aplastado haciendo uso brutal de la fuerza, se cerraron las universidades y miles de polacos fueron deportados a Siberia u obligados a exiliarse. Esta fue la primera vez que Rusia utilizó su aparato de represión más allá de sus fronteras, en un país europeo.

Los acontecimientos de París y Varsovia hicieron cobrar nueva relevancia a las ideas que habían inspirado la revuelta decembrista, que volvieron a discutirse en salones y círculos intelectuales, especialmente entre la juventud universitaria. Las autoridades respondieron a través de la represión y la censura: se prohibieron todos aquellos artículos o libros que manifestasen una «fe cristiana endeble», que criticasen a la monarquía o abordasen el tema de las reformas constitucionales. En la década de 1830, las revistas literarias se fueron prohibiendo una detrás de otra. Cuando Pushkin murió en un duelo en 1837, Nicolás decidió que fuera enterrado en secreto para evitar disturbios.

En los años de 1848 a 1849, una nueva oleada de revueltas liberales recorrió Europa. En invierno de 1848 estallaron rebeliones en Francia; en la primavera siguiente lo hicieron en Alemania, Austria e Italia y, a principios de 1849, en Hungría, que pertenecía a Austria. Estos acontecimientos asustaron a Nicolás incluso más que los levantamientos de París y Varsovia en 1830. Al igual que su hermano mayor, era un ferviente defensor de los principios de la Santa Alianza y se ofreció a enviar tropas rusas para restablecer el orden. No recibió apoyo para llevar a cabo una intervención en Francia, pero en mayo de 1849, un ejército ruso de 200.000 soldados, junto con otros 100.000 soldados austríacos, aplastaron el levantamiento húngaro.

Por segunda vez en menos de veinte años, un levantamiento europeo había sido aplastado por soldados rusos. Las políticas de Nicolás suscitaron un fuerte sentimiento antirruso en toda Europa, tanto entre la izquierda como entre liberales y nacionalistas. «En 1848 y el período que siguió a estos acontecimientos, el fantasma que recorría Europa no era la versión marxista del comunismo, un movimiento en esa época prácticamente desconocido, sino Nicolás y sus cosacos», en palabras del historiador de las ideas estadounidense Martin Malia. Si el apodo de Alejandro I era «la Esfinge del Norte», el de Nicolás I era «el Gendarme de Europa».

En la propia Rusia, los acontecimientos de 1848-1849 llevaron a un incremento de la opresión contra los intelectuales. El círculo socialista Petrashevski en Petersburgo fue dividido y sus miembros —entre los que estaba Dostoyevski— fueron encarcelados. La censura se endureció. Se designó un comité secreto para examinar las obras literarias que habían superado la censura previa y habían pasado a impresión. Si se descubría que un censor había dejado pasar una obra «dudosa», era arrestado y despedido, y en el peor de los casos, podía ser deportado. Como resultado, los censores llevaron su celo a extremos ridículos.

Al mismo tiempo, se adoptaron medidas para aislar a Rusia del mundo exterior. Visitar el país se volvió prácticamente imposible para los extranjeros, como para los rusos viajar al extranjero. Las universidades también se vieron afectadas por el miedo de Nicolás al contagio ideológico; el número de estudiantes se redujo, se reforzó el control sobre ellos y sus profesores, y se prohibió enseñar sobre Derecho de Estado y Filosofía, materias odiadas por Nicolás, lo que llevó al ministro de Educación Serguéi Uvárov (de quien hablaremos a continuación) a protestar y dimitir.

Ocho

El sucesor de Uvárov exigió que los profesores fundamentasen sus conclusiones «no en la especulación, sino en verdades religiosas». Este requerimiento reflejaba la opinión de Nicolás, para quien no eran solo las ideas venidas de Europa occidental las que habían conducido a la revuelta decembrista, sino también «un sistema educativo falso». Ya en su primer manifiesto, el 1 de julio de 1826, advirtió a la juventud rusa de los peligros del «pensamiento obstinado» y «el lujo dañino de una educación superficial». Si bien Catalina y Alejandro habían promovido los estudios humanísticos, Nicolás veía las humanidades como una amenaza. En su lugar, debían privilegiarse materias prácticas, que reportasen un beneficio directo a la sociedad, como la medicina y la ingeniería.

Por eso, Nicolás ordenó una reforma del sistema educativo en un «espíritu socialmente conservador». El jefe de policía Benckendorff definió así su base ideológica: «La moral, la perseverancia en el servicio y la dedicación deben primar sobre una Ilustración inmadura, inmoral e inútil». La tarea de reconducir la educación rusa en la dirección correcta se le encomendó a Serguéi Uvárov (1786-1855), una de las figuras más influyentes y, al mismo tiempo, más contradictorias de la época. Era un especialista en la Antigüedad griega internacionalmente reconocido y uno de los fundadores de Arzamas, una sociedad literaria creada en 1815 con el objetivo de combatir los ideales estilísticos arcaicos y obsoletos a la cual pertenecía, entre otros, Pushkin. Como presidente de la Academia de las Ciencias e inspector del distrito educativo de San Petersburgo, Uvárov hizo campaña para que la capital tuviera una universidad, lo cual sucedió en 1825. También viajó por Europa y conoció a algunos de los pensadores más importantes de su tiempo.

Esta es una parte de la biografía de Uvárov. Su reputación, sin embargo, no se debe a sus ideas liberales de juventud ni a su trabajo académico, sino a la evolución posterior de su ideología en una línea conservadora. Fue por ello que Nicolás I lo nombró viceministro de Educación en 1832 y, al año siguiente, cabeza del ministerio. Para proteger a los estudiantes de las ideas revolucionarias, según Uvárov, era necesario «tomar las mentes de los jóvenes para guiarlos de forma casi imperceptible», hasta el punto en el que la educación se combina con

una profunda convicción y una cálida fe en los verdaderos principios rusos de Ortodoxia, Autocracia y Pueblo, que son nuestro último salvavidas y la salvaguarda de la fuerza y la grandeza de nuestra patria.

Es a esta tríada, «Ortodoxia, Autocracia y Pueblo», a la que Serguéi Uvárov debe su puesto en la historia. La fórmula, en su origen concebida para orientar las reformas educativas, acabó elevada al estatus de ideología estatal. Diez años después, el propio Uvárov resumió la historia de esta tríada de la siguiente manera:

> Habida cuenta de la decadencia de las instituciones religiosas y cívicas en Europa, de la amplia difusión de pensamientos destructivos y de los fenómenos deplorables que ocurrían en todas partes a nuestro alrededor, era necesario asentar la Patria sobre esa sólida base en la que descansan la prosperidad, la fuerza y la vida del pueblo y encontrar los principios que constituyen la singularidad de Rusia y que la caracterizan únicamente a ella.

Este argumento era una variación del conservadurismo paneuropeo, el cual era, a su vez, una reacción frente a la Revolución francesa, las guerras napoleónicas y los subsiguientes levantamientos en el continente: reacción, legitimidad y orden contra revolución, cambio y caos.

No era ninguna coincidencia que, en esta tríada, la «Ortodoxia» figurase en primer lugar. A lo largo de la historia de Rusia, la Iglesia siempre ha tenido un papel dominante. Ha predicado el sacrificio y la sumisión a Dios y al poder político. Además, según sus defensores, la ortodoxia es la única interpretación verdadera del cristianismo; Nicolás I hablaba incluso de «un Dios ruso». La tríada de Uvárov era, de hecho, una respuesta a la «libertad, igualdad, fraternidad» de la Revolución francesa y buscaba contrarrestar las ideas que amenazaban con minar la fe del pueblo ruso en el origen divino de la autocracia. La idea ilustrada de que el hombre tiene derecho a cambiar y moldear la sociedad con ayuda de la razón se vio reemplazada por la declaración de Pablo en la Epístola a los romanos, donde afirma que «no hay autoridad que no venga de Dios y lo que es, es por orden suya».

Según Uvárov, el segundo componente de la tríada, «Autocracia», es «la condición primordial para la vida política rusa». La autocracia es la base sobre la cual «el coloso ruso se sustenta [...] para su grandeza». El autócrata es el representante de Dios en la tierra. El poeta Vasili Zhukovski describió esta relación de la manera siguiente: «En el mundo cristiano, la autocracia es el nivel de poder más alto; es el último eslabón entre el hombre y el poder de Dios». El pueblo lo constituyen los súbditos sumisos de un zar que, como un *pater familias*, obra buscando lo mejor para su pueblo.

El tercer componente, el «Pueblo» (*narodnost'*), se basa en las ideas del Romanticismo alemán acerca de la nación y el espíritu nacional, la autoestima, la singularidad y el patriotismo nacionales, las costumbres y las tradiciones. La idea, en líneas generales, es que en Rusia existe una alianza especial entre el pueblo y el gobierno que se expresa precisamente en el concepto de *narodnost'*. Su devenir histórico es diferente al de otros países: Rusia ha mantenido «una cálida fe en determinados conceptos religiosos, morales y políticos que la caracterizan», y «en esos remanentes sagrados de su *narodnost'* está asegurado su futuro». Así pues, el tercer componente de la tríada resume los dos primeros: son la Ortodoxia y la Autocracia las que definen la singularidad del Pueblo ruso. Lo que Chaadáyev veía como la causa de la miseria de Rusia, en la tríada de Uvárov aparecía elevado a la categoría de dogma con connotaciones positivas.

El término *narodnost'* es difícil de traducir. Su raíz es *narod*, que significa 'gente', 'pueblo'. (El sufijo –*nost* se corresponde con la terminación –idad.) Su traducción más común en otros idiomas —nacionalidad, *nationality*, *nationalité*— conduce a equívoco, aun cuando el término «nación» era originalmente sinónimo de «pueblo». Según Uvárov, la nación rusa era una comunidad popular unida por su amor ilimitado hacia la Iglesia y el zar, en tanto que responsable último de su prosperidad. «La voluntad del zar expresa el pensamiento de Su pueblo, y la voluntad del pueblo se convierte en el pensamiento de su zar», en palabras de Vasili Kliuchevski.

Isaiah Berlin utiliza el término «pueblo» y, a falta de una alternativa mejor, yo también, aunque no se corresponde plenamente con el significado del término ruso. En alemán, la traducción es más sencilla. *Narodnost'* es, de hecho, una traducción directa del alemán *Volkstum*, que tiene la misma raíz que la voz rusa *narod* y se define como «la singularidad de un pueblo, según queda expresada en su vida y su cultura»[2].

Ideológicamente, la tríada de Uvárov estaba ya presente en el «Memorándum sobre la Vieja y la Nueva Rusia» de Karamzín y en otros documentos oficiales, entre ellos, el manifiesto de coronación de Nicolás I, que subrayaba el carácter necesario de la autocracia y la servidumbre. La contribución personal de Uvárov fue el concepto de *narodnost'*. Con el tiempo, la idea nacional formulada mediante esta tría-

---

2. Es interesante señalar que *Volkstum* es, a su vez, una traducción del francés *nation* y fue empleado por primera vez en 1810 por el pedagogo alemán Friedrich Ludwig Jahn en su libro *Deutsches Volkstum*. Para Jahn, *Volkstum* representaba 'lo indefinible' *(unnennbares Etwas)* de un pueblo. Es razonable asumir que Uvárov, que estaba familiarizado con la filosofía alemana, conocía el libro de Jahn.

da recibió el nombre de *ofitsial'naja narodnost'*, que podría traducirse como 'nacionalismo oficial'. Los historiadores también la denominan «nacionalismo dinástico». La Rusia de Nicolás era el único *ancien régime* que quedaba en Europa; los demás habían pasado a la historia con el cambio de siglo.

Nueve

El problema de la identidad histórica de Rusia no solo ocupaba las mentes de los nacionalistas dinásticos, sino también las de los intelectuales, quienes, pese a sus diferencias, estaban unidos en su crítica a la ideología del Estado. Como hemos visto, para Aleksandr Herzen las *Cartas filosóficas* de Chaadáyev no fue nada menos que «un disparo resonando en la noche oscura», una «línea divisoria»:

> Ya fuera algo que se hundía y proclamaba su ruina, una señal, una llamada de socorro o un augurio del romper del alba o de que no habría amanecer..., fuera como fuese, era hora de despertar.

Efectivamente, así sucedió: la publicación de las *Cartas* hizo comprender a la intelectualidad de Rusia la necesidad de definir la identidad nacional del país. De hecho, la cuestión llegó a ocupar un lugar central en el discurso intelectual de las décadas siguientes, especialmente en el período de 1838-1848, que el crítico e historiador literario Pável Annenkov bautizó como «la década extraordinaria»:

> En torno a esta época, todo el que tenía una mínima aptitud para el pensamiento comenzó, con el afán y el ansia de un intelecto famélico, a tratar de identificar los fundamentos de una vida consciente y racional en Rusia [con el fin de] formarse una idea de nuestro lugar entre los pueblos de Europa y de cómo tendríamos que educarnos y definirnos para hacer de este un lugar honroso. Todo se puso en movimiento. Como sabemos, esta búsqueda se llevó a cabo partiendo de dos puntos opuestos, lo que hizo que los caminos de ambas partes acabaran eventualmente enfrentados.

Los dos puntos de partida opuestos que menciona Annenkov eran los que representaban los «eslavófilos», por una parte, y los *zapadniks* ('amigos de Occidente'), por otra. Estos últimos también eran llamados a veces los «europeos», término que usaré en este libro por razones puramente lingüísticas. En un principio, estos nombres eran epítetos despectivos utilizados por sus oponentes, pero con el tiempo los propios partidos fueron aceptándolos (aunque los eslavófilos habrían preferido que los llamaran «rusófilos», un nombre más apropiado para su orientación filosófica). Si bien Chaadáyev había sido el primero en reflexionar seriamente sobre la trayectoria histórica de Rusia, ahora sobrevino una plétora de escritos sobre el tema. Según Nikolái Berdiáyev, toda la filosofía de la historia en Rusia no es, de hecho, sino un intento por responder a las preguntas que Chaadáyev formuló en sus *Cartas:* «El problema de Oriente y Occidente

[...] es el más importante de Rusia, una cuestión que no solo atañe a la historia de la filosofía rusa sino a la historia de Rusia».

Al igual que Uvárov y los defensores del nacionalismo dinástico, tanto eslavófilos como «europeos» estaban fuertemente influidos por las corrientes filosóficas de Europa occidental. Todos formaban parte del movimiento romántico, que se difundió por Europa a principios del siglo XIX como reacción a la Ilustración y a su énfasis en la razón y la lógica, y sus problemáticas repercusiones políticas. Había una necesidad de alimento espiritual que el intelecto puro se había mostrado incapaz de satisfacer.

En Rusia, fue la filosofía del romanticismo alemán la que sirvió como inspiración intelectual. Los filósofos alemanes ejercieron una influencia enorme e inmediata. El motivo de que sus ideas arraigasen tan rápido en el suelo ruso fue la enorme sed de conocimiento que había, combinada con los factores de apertura intelectual, ingenuidad, una conciencia atormentada y el deseo de un cambio social. Los rusos se sentían especialmente atraídos por la concepción hegeliana de la historia como un enorme río cuyo curso no podía verse alterado por la acción particular de ningún individuo, y por la filosofía de la naturaleza de Schelling, para quien todas las cosas, desde la partícula más pequeña hasta el hombre y la nación, conforman un todo orgánico. Esta teoría resonaba en el carácter ruso y su predilección por analogías generalizadoras y modelos explicativos universales —en el espíritu de la afirmación de Iván Aksakov, según la cual «ninguna nación en el mundo constituye un organismo tan armonioso como la rusa, puede que ninguna otra haya sido agraciada con una riqueza de oportunidades semejante»—.

En la filosofía de la historia alemana, la cuestión nacional ocupaba un lugar central debido precisamente a que no existía una nación alemana: tras las guerras de religión del siglo XVII, la cultura alemana se fragmentó en Prusia, Austria y varias *Freistädte* ('ciudades libres') y principados más pequeños. De todo aquel que hablase alemán o se hubiese educado en el espíritu alemán se decía que pertenecía a la nación cultural alemana, con independencia del gobernante al que sirviese y de cómo estuviesen trazadas las fronteras nacionales. Los eslavófilos quedaron profundamente impresionados por el debate alemán, en particular por el *Discurso a la nación alemana* de Johann Gottlieb Fichte, en el que afirmaba, entre otras cosas, que una nación alcanza el conocimiento divino solo cuando «se desarrolla y moldea a sí misma según su singularidad».

Para los eslavófilos, la cuestión más importante era precisamente la de la identidad histórica de Rusia y la relación del país con Occidente. Dentro de esta cuestión tenían cabida «un gran número de temas complejos, tanto religiosos como políticos y tanto filosóficos como personales», escribe Nicholas Riasanovsky, uno de los principales expertos sobre la época de Nicolás I:

> Pero todos estos asuntos diversos compartían el mismo enfoque fundamental: Rusia era siempre «Nosotros» y Occidente era siempre «Ellos» [y] «Ellos» eran los culpables de todos los pecados del mundo».

Rusia era un Estado de mil años de antigüedad, pero se diferenciaba de los países de Europa occidental en un aspecto decisivo: carecía de lazos con el mundo antiguo. Si bien Chaadáyev consideraba esta una circunstancia desastrosa para el desarrollo del país, para los eslavófilos suponía algo positivo. La civilización romana había dejado como legado el racionalismo y la legalidad, lo cual supuso un triunfo de la «razón pura y desnuda, que es autosuficiente y no reconoce nada por encima ni más allá de sí misma». El pensamiento racional conquistó también la Iglesia, primero la católica y luego la protestante. Todo esto condujo a una sociedad fundamentada en el individualismo, la competición, la lucha y la conquista.

Rusia era distinta. «Rusia nunca ha experimentado luchas, conquista, guerras eternas y tratados inacabables; no es resultado de coincidencias, sino el producto de un desarrollo vivo y orgánico: no es una construcción, sino que procede de un crecimiento», explicó uno de los principales eslavófilos, Alekséi Jomiakov. Esta era una tesis central del eslavofilismo: que el Estado ruso no era resultado de la conquista, sino que había surgido pacíficamente.

En este constructo histórico-filosófico, la historia de la fundación de Rusia era un elemento fundamental. Lo importante no era el hecho de que el jefe varego Riúrik y sus dos hermanos hubieran sido los creadores del primer Estado ruso en el siglo IX, sino que estos habían sido invitados por el pueblo ruso, que se sometió voluntariamente a ellos y los amaba. Según Mijaíl Pogodin (profesor de Historia en la Universidad de Moscú, un defensor del nacionalismo dinástico y, en muchos aspectos, afín a los eslavófilos), se trataba de una expresión del estrecho lazo entre los gobernantes y el pueblo, de las raíces populares de la autocracia rusa. «Mientras este pacto sea santificado y se mantenga íntegro habrá paz y felicidad; tan pronto como comience a tambalearse, no importa dónde, aparecerán el caos, la confusión y la angustia».

Este vínculo entre pueblo y gobernante, esta expresión de *narodnost'*, es lo que diferencia el curso de la historia rusa del desarrollo histórico en Europa occidental, donde el surgimiento de los Estados nación vino precedido por luchas y conquistas. «La base de nuestro Estado era el amor, pero en Occidente era el odio», según Pogodin. El pueblo ruso era completamente distinto de los europeos occidentales, especialmente, a causa de la geografía:

> Tenemos un clima distinto al de Occidente, un paisaje distinto, un temperamento, un carácter distintos, una sangre distinta, una fisonomía distinta, una mirada distinta, una forma de pensar distinta, doctrinas, esperanzas, deseos, placeres distintos, relaciones distintas, condiciones distintas, una Historia distinta, todo es distinto [...]».

Los eslavófilos describían Europa occidental como vieja y frágil, incluso podrida: fueron ellos quienes, en la década de 1860, comenzaron a hablar de una Europa occidental «podrida» o «que se pudre», una idea que resultó ser inusitadamente pertinaz. El opuesto de esta civilización en proceso de desaparición era la civilización rusa, caracterizada por su energía y confianza. El ruso está tranquilo y seguro de su identidad. Dos conceptos clave son los de comunidad y unidad. Estas virtudes podían encontrarse en la Iglesia ortodoxa, con su *sobornost'* (del sustantivo *sobor*, 'concilio', y el verbo *sobirat'*, 'reunir', 'juntar'): un tipo de unión libre entre almas que no puede darse en la Iglesia católica. Un católico devoto no se siente miembro de una hermandad, sino súbdito dentro de la jerarquía eclesiástica.

No es así en la ortodoxia, donde no hay papa:

> No reconocemos ningún líder dentro de la Iglesia, ni espiritual ni mundano —según explicaba Alekséi Jomiakov, el ideólogo que acuñó el concepto de *sobornost'*—. El líder es Cristo y [la Iglesia] no reconoce a ningún otro.

La misión de Rusia, por tanto, es mostrar a la humanidad el camino hacia la verdadera hermandad y la verdadera unidad: hacia la *sobornost'*.

De forma similar, el ideal social de los eslavófilos era la «comunidad de campesinos» o «consejo de campesinos», una estructura social con raíces en la Edad Media basada en el uso común de la tierra por los campesinos y en la confianza y responsabilidad mutuas (*krugovaya poruka*). Las decisiones eran tomadas por el consejo de campesinos, que dirimía las disputas según el derecho consuetudinario. El consejo se encargaba también de administrar los impuestos y otras recaudaciones. Cabe señalar que los propios campesinos denominaban *mir* a esta comunidad, que significa 'paz', 'serenidad', 'armonía'. Este sistema subsistió en diversas formas dentro de la estructura de la servidumbre, pero a los eslavófilos lo que les interesaba era la comunidad de campesinos en su forma histórica, en gran medida porque la falta de información concreta acerca de este sistema suponía una gran oportunidad para idealizarlo.

Para los eslavófilos, la comunidad de campesinos era una expresión natural del carácter nacional ruso, moldeado por la Iglesia ortodoxa y su idea de comunidad. Los derechos de propiedad occidentales no eran para Rusia, que históricamente ha tenido una concepción distinta de la propiedad individual:

> Una comunidad de campesinos es una alianza de personas que han renunciado a su egoísmo, a su individualidad, y es una expresión de unidad —escribió Konstantín Aksakov— es un acto de amor, un noble acto cristiano [...], un coro moral, y al igual que una voz no se pierde en un coro, sino que se escucha dentro de la armonía de todas las voces, el individuo no se pierde en la comunidad de campesinos, sino que renuncia a su exclusividad en favor de la armonía común.

Para los eslavófilos, la comunidad de campesinos era un modelo de cómo toda Rusia debería ser gobernada: como una comunidad dirigida por un zar y unida por la fe, la tierra y las tradiciones. «La propia sumisión del pueblo es *un acte de souverainité* [una expresión de su independencia]», escribió Alekséi Jomiakov, deplorando que «los pensadores occidentales» no quisieran entenderlo.

Según los eslavófilos, la concepción típicamente rusa de la comunidad contribuyó a hacer del ruso un hombre libre, al contrario que el europeo, que está constreñido por leyes y reglamentos y por la tiranía de la razón. Teniendo en cuenta el ínfimo papel que la libertad ha tenido en la historia de Rusia, el argumento puede parecer extraño, pero ello se debe a que se fundamenta en la muy particular concepción eslavófila de la libertad. Según Konstantín Aksakov, existen una verdad «interior» y otra «exterior». En el individuo, la verdad interior es la voz de la conciencia, y en la sociedad, la suma de fuerzas unificadoras como la religión, la tradición, las costumbres, etc. La verdad exterior está representada por el Estado y la ley. Para Aksakov, la libertad no tiene nada que ver con el concepto occidental de libertad, sino que significa libertad frente a la política y la responsabilidad política. Al zar se le concede un poder absoluto, de tal forma que su gente no tenga que participar en los asuntos del Estado y, de este modo, no tenga que entrar en contacto con la verdad exterior. Por otra parte, la gente debía tener el derecho de expresar sus opiniones libremente en la Asamblea Consultiva (*Zemsky Sobor*), que los eslavófilos consideraban la alternativa rusa al Parlamento occidental. La relación entre el Estado y el pueblo debía cimentarse en un principio de no interferencia mutua. En otras palabras, las ideas legales de los eslavófilos eran radicalmente distintas de la fe en la razón formalizada en el Derecho romano, y se fundamentaban, por el contrario, en la tradición, la costumbre y la armonía.

En la filosofía romántica, la lengua tenía un papel central en la configuración de la nación: era en la lengua donde se veía reflejada el alma del pueblo. Para los más ardientes defensores de la singularidad de Rusia, la lengua rusa era otra expresión más de la armonía interna que caracterizaba el país, de la *sobornost'*. Según Stepan Shevyryov, profesor de literatura y, al igual que Pogodin, un defensor de las ideas eslavófilas pese a no formar parte al grupo, la lengua rusa está en perfecta armonía con el carácter del pueblo ruso. En este aspecto difiere de las lenguas romances, construidas racionalmente, que se han alejado de sus raíces populares. El ruso es una lengua viva, donde solo hay un tiempo importante: el presente. El imperfecto y el futuro pertenecen a la esfera del pensamiento abstracto (léase «occidental»).

En suma, las teorías de los eslavófilos acerca de «Nosotros» y «Ellos» implicaban la existencia de dos enemigos: el Occidente real y el Occidente que se había instalado en Rusia tras las reformas de Pedro el Grande, que los eslavófilos consideraban un crimen terrible. Esta era una crítica que ya habían aireado Nikolái Karamzín y, antes que él, Jean-Jacques Rousseau, quien en *Le contrat social [El contrato social]* (1762) acusó a Pedro de tratar de convertir a los rusos en alemanes e ingleses: «Instó a sus súbditos a convertirse en lo que no eran y con ello les impidió convertirse en lo que podrían haber sido».

Según los eslavófilos, antes de Pedro, Rusia vivía en armonía y en una unidad orgánica, libre de diferencias de clase, democracia, Ilustración, etc. (todos ellos fenómenos que habían corrompido a los pueblos de Occidente). Pedro el Grande había sido un déspota que, con sus reformas, había detenido el desarrollo orgánico de Rusia, había despojado al país de su papel independiente en la historia y lo había convertido en un apéndice de Europa occidental. Además, al afectar únicamente a los estratos superiores de la población, las reformas habían creado división en el país, una división que se manifestaba en la diferencia entre un San Petersburgo burocrático y formalista, la «ciudad de la verdad exterior», y Moscú, la ciudad del pueblo, de la «verdad interior». Puesto que en esta última había espacio para el desarrollo de los aspectos espirituales de la vida, los eslavófilos solicitaban que la capital volviera a trasladarse allí.

Los historiadores a menudo presentan a los eslavófilos como excéntricos conservadores y atrasados. En ello hay algo de verdad, pero no toda. Los eslavófilos eran enemigos acérrimos de la servidumbre, que era incompatible con su visión de la historia y la religión. También se mostraron críticos con la autocracia en sí, especialmente con la de Nicolás I, cuyo Estado burocrático veían como una consecuencia lógica de las reformas de Pedro el Grande. En línea con la noción de la «verdad interior», defendían también la completa libertad de conciencia y expresión. Los historiadores los llaman «nacionalistas románticos», por oposición a los «nacionalistas dinásticos», que integraban las filas de los defensores del régimen. Por su parte, para Nicolás, que era un fanático admirador de Pedro el Grande, los eslavófilos eran a duras penas preferibles a los decembristas y se les prohibió repetidamente publicar sus escritos.

Diez

Los oponentes ideológicos de los eslavófilos eran los «europeos» rusos (a los que en este ensayo nos referimos entre comillas para evitar malentendidos). Como el nombre sugiere, estos pensaban, al igual que Chaadáyev, que la única oportunidad de desarrollo y progreso de Rusia pasaba por adoptar las ideas e instituciones de Europa occidental. A pesar de las diferencias ideológicas, los «europeos» sentían un gran respeto por los eslavófilos, quienes, al plantear problemas importantes, contribuían a elevar el nivel intelectual en Rusia. De hecho, ambos grupos compartían una misma pasión en su empeño por definir la identidad histórica de Rusia: «Como Jano o el águila de dos cabezas, mirábamos en distintas direcciones, pero en ambos latía un mismo corazón», escribió Aleksandr Herzen (1812-1870), uno de los «europeos» más destacados.

Dado el impacto de sus ideas, cabría pensar que estos grupos constituían grandes movimientos intelectuales, pero no era el caso. Los eslavófilos activos, que lideraban el movimiento, no eran más de cinco, todos unidos por lazos de parentesco cercano: los hermanos Iván y Serguéi Kireyevski y Konstantín e Iván Aksakov, y Alekséi Jomiakov, cuya madre se apellidaba Kireyevski de soltera. Pertenecían a familias de la nobleza antiguas, adineradas y cultas, hablaban varios idiomas con fluidez, tenían una buena formación, habían viajado y leído ampliamente y estaban familiarizados con las corrientes contemporáneas del pensamiento europeo. Paradójicamente, habían tomado sus herramientas filosóficas de la misma Europa occidental que con tanta vehemencia rechazaban.

Los «europeos» no eran tampoco numerosos y constituían un grupo mucho menos homogéneo, si puede hablarse siquiera de grupo en este caso. Los principales defensores del pensamiento europeo eran, además de Herzen, Vissarion Belinski, «el padre de la crítica literaria rusa»; el profesor de historia Timofey Granovski, y el profesor de derecho Konstantín Kavelin. Aunque podían discrepar en las cuestiones puramente filosóficas —como en su opinión sobre la idea hegeliana de «reconciliación con la realidad»—, estaban unidos en su común oposición a los eslavófilos. El «europeísmo» surgió, de hecho, como reacción directa a la interpretación eslavófila de la historia rusa y su visión de Occidente.

Mientras que los eslavófilos pensaban que Europa era cosa del pasado y subrayaban la singularidad y el potencial de Rusia, los «europeos» partían del principio de la universalidad del desarrollo histórico de la humanidad. Puesto que Europa occidental, por una serie de razones históricas, era la más adelantada en este proceso, los demás países, incluida Rusia, debían aprovecharse de su experiencia. El ideal de los «europeos» era un sistema parlamentario al estilo francés o británico. Mientras que para los eslavófilos la civilización rusa iba a derrocar y suceder a la europea, los «europeos» aspiraban a hacer que el país alcanzase y se mantuviera al paso de Europa. Para ellos, no había un camino propiamente ruso, sino solo diferentes formas de ser europeos.

Los «europeos» fueron particularmente críticos con la visión eslavófila de la religión y la autocracia. Mientras que para los eslavófilos la Iglesia ortodoxa era uno de los pilares para la configuración de la nación rusa, los «europeos» la rechazaban por considerarla una fuente de superstición y uno de los principales apoyos de la autocracia. «En sus enseñanzas veíamos un nuevo aceite ceremonial con el que ungir al zar, una nueva cadena con la que atar el pensamiento, una nueva sumisión de la conciencia a la servil Iglesia bizantina», evocaba Herzen.

Por último, pero no menos importante, a los «europeos» los unía también el hecho de tener un concepto positivo de la figura de Pedro el Grande. Oponiéndose a la opinión de los eslavófilos de que la separación entre la élite y el pueblo de Rusia era resultado de las reformas de Pedro, Belinski sostenía que estas eran históricamente inevitables y que esa separación se reduciría con el tiempo y el progreso, no obligando a la sociedad a descender de nuevo al «nivel del pueblo», sino elevando al pueblo al nivel de la sociedad: «La nacionalidad no son los abrigos ásperos tejidos en casa, los zapatos de fibra, el vodka barato y el chucrut», explicó Belinski, aficionado a las expresiones efectistas.

Once

El período que siguió a la etapa revolucionaria de 1848 y 1849 estuvo caracterizado por un incremento de las actitudes reaccionarias y de la represión dentro de Rusia. Sin embargo, la posición de Nicolás en la política exterior era más sólida que nunca. Había defendido los principios monárquicos con convicción y contundencia y había contribuido a sofocar revoluciones y revueltas allá donde estallasen, tanto en Rusia como en Europa. Si bien para los europeos defensores de la libertad era un gendarme odioso, sus colegas dinásticos lo veían como una especie de nuevo Napoleón.

Al mismo tiempo, las consecuencias de la reticencia y la incapacidad de Nicolás y sus predecesores para implementar las reformas que su propio país necesitaba comenzaron a hacerse palpables. La revolución industrial, que en Europa occidental dio lugar a un desarrollo económico sin precedentes, no podía darse en Rusia, un país sin clase media y en el que la potencial fuerza de trabajo —los campesinos—

seguía atada a la tierra. En el terreno militar, el desarrollo iba también con retraso: el mayor recurso del país seguía siendo el elemento humano, la carne de cañón; técnicamente, el ejército ruso era decididamente inferior a los de otros países. Esta debilidad resultaría fatal durante la Guerra de Crimea de 1853-1856, cuyo detonante fue una disputa entre Francia y Rusia acerca del derecho de católicos y ortodoxos sobre los lugares santos en Palestina (que formaba parte del Imperio otomano), si bien el conflicto tenía que ver fundamentalmente con el control del Bósforo.

Las fuerzas francesas y británicas infligieron una derrota aplastante a Rusia en su propio territorio, Crimea. Quedó patente que el orgulloso ejército que había derrotado a Napoleón cuarenta años antes se había quedado irremediablemente atrasado y no tenía nada que hacer contra las fuerzas bien equipadas de Occidente. Esta derrota puso de manifiesto que la maquinaria de un Estado disfuncional había dejado de funcionar. Tras la Guerra de Crimea, Rusia no volvería a suponer una amenaza directa para los intereses de Europa occidental; de hecho, todos los conflictos importantes en los que el país se vio envuelto hasta 1917 iban a terminar en derrotas humillantes.

Nicolás I murió en 1855, antes del fin de la guerra. Había gobernado Rusia con puño de hierro durante treinta años. La mayoría de los intelectuales respiraron aliviados y muchos lo celebraron abiertamente. Aleksandr Herzen —que llevaba varios años viviendo en Londres como emigrante— descorchó su mejor champán para brindar por la noticia. Konstantín Kavelin afirmó que «la locura, la crueldad y las miserias de toda clase de estos treinta años de gobierno tiránico no han tenido paralelo histórico». Alexandr Nikitenko, profesor de literatura de ideas liberales y censor (encarcelado en varias ocasiones), dejó el veredicto más devastador y, al mismo tiempo, más elegante: «El mayor defecto del reinado de Nicolás I fue que todo él fue un gran error».

El error era que los treinta años que podrían haberse empleado en reformar y modernizar Rusia en su lugar habían estado dedicados a afianzar los peores rasgos de la autocracia: la servidumbre, la ausencia de leyes, la corrupción, la burocracia, la censura, el atraso económico. En «esta ciénaga decorada, este pantano enlucido», que se componía de terratenientes y siervos, nadie era libre, afirmó el francés Astolphe de Custine, que visitó Rusia en 1839. Según de Custine, solamente los amos de los campesinos se podían considerar libres porque ellos mismos tenían esclavos; ni siquiera el zar era libre, ya que vivía permanentemente atemorizado, con miedo de su gente y de la «revolución».

Según Vasili Kliuchevski, el reinado de Nicolás fue la continuación lógica de un desarrollo que había comenzado con la muerte de Catalina la Grande: Pablo, Alejandro y Nicolás no habían hecho otra cosa que utilizar a Rusia para satisfacer sus propios intereses dinásticos sin entender ni querer entender las necesidades del pueblo. En otras palabras, para Kliuchevski los años perdidos no eran treinta, sino casi el doble.

El reinado de Nicolás fue sin duda uno de los más oscuros en la historia moderna de Rusia, una era en la que no hubo ni imaginación ni esfuerzo intelectual para rechazar y condenar, una era de política reaccionaria, opresión y oscurantismo general. Al mismo tiempo, encierra una paradoja. En la frase que sigue a la entrada de su diario citada arriba, Aleksandr Nikitenko escribe: «[Nicolás] pasó 29 años enteros luchando contra el pensamiento, pero, en lugar de extinguirlo, hizo que se convirtiese en oposición al gobierno». A pesar de la censura asfixiante, el pensamiento convertido en oposición llevó a la aparición de tres fenómenos significativos: la literatura rusa, la filosofía rusa de la historia y la *intelligentsia* rusa. La influencia cultural de Occidente siguió siendo notable y no podía atajarse; ni siquiera el aparato represivo del Estado podía evitar que la gente pensara. Fue, en palabras de Aleksandr Herzen, «una época extraña de coerción externa y liberación interna».

Una descripción del desarrollo de la literatura rusa a lo largo de estos años estaría fuera del objeto de este ensayo. Baste decir que la mayoría de los grandes escritores rusos del siglo XIX estuvieron en activo durante el reinado de Nicolás I. Toda la obra de Aleksandr Pushkin, Mijaíl Lermontov y Nikolái Gogol pertenece a esta etapa, e Iván Turguéniev, Lev Tolstói y Fiódor Dostoyevski escribieron importantes obras en prosa en las décadas de 1840 y 1850, aunque sus libros más importantes son posteriores. Paradójicamente, el nacimiento de la literatura rusa coincidió con un régimen que hacía todo lo posible por agravar su aislamiento.

Esto también es aplicable a la filosofía rusa de la historia, que se desarrolló dentro de la polémica entre eslavófilos y «europeos». Es fácil ironizar sobre la concepción eslavófila de la historia y su conservadurismo social en general, y también sobre las respuestas a menudo bizarras que ofrecen a las preguntas debatidas en la «década extraordinaria». No obstante, de no ser por ellos, esas preguntas ni siquiera se habrían planteado.

Los eslavófilos fueron los primeros rusos que comenzaron a pensar de forma independiente —sentenció Nikolái Berdiáyev— que estaban a la altura de la cultura europea, no solo por asimilación, sino también tratando de contribuir a ella de forma creativa.

Desde Pedro el Grande y Catalina, el papel y el futuro de Rusia como nación europea se habían dado por sentados. Chaadáyev fue el primero en sugerir que podía no ser así, y los eslavófilos fueron los primeros en señalar la alternativa: «la vía rusa».

Nadie, ni siquiera Chaadáyev, podía prever que ellos, estas personas obviamente excéntricas, acabarían siendo los abanderados de un mito de singularidad por el que pasarían a la posteridad —escribe el historiador ruso Aleksandr Yanov—: Fueron sus escritos los que transformaron el postulado de Uvárov «Rusia no es Europa» en la idea nacional de Rusia.

Fue en esta época, durante el reinado de Nicolás, cuando surgió la «idea rusa»: la idea de que Rusia está en las antípodas de Occidente, de que Rusia tiene una trayectoria histórica especial, de que este país es una civilización fundamentalmente distinta y superior a Europa occidental.

La idea de la singularidad de Rusia como civilización es la base de una de las dos dicotomías recurrentes en la historia de Rusia: la contraposición entre Rusia y Occidente, entre «Nosotros» y «Ellos». Llamémosla «horizontal». La segunda oposición, la «vertical», tiene que ver con la relación entre el gobernante y el pueblo, y queda resumida en la tríada de Uvárov. Estas dicotomías quedaron codificadas hace casi dos siglos, durante la autocracia de treinta años que lleva el nombre de Nicolás I, pero, como veremos, siguen siendo tan de actualidad hoy en día como entonces.

Doce

Tras los levantamientos de 1848 y 1849, tuvo lugar un acercamiento ideológico entre los representantes del nacionalismo dinástico y los nacionalistas románticos con sus ideas sobre una Rusia real y eterna, sin influencia de Occidente —no el Estado ruso, sino el país, el suelo (*zemlja*) ruso: la «Santa Rusia»—. (Rusia es, por cierto, el único país que lleva este epíteto aparte de la propia Tierra Santa). En una carta escrita durante la guerra de Crimea, el eslavófilo Konstantín Aksakov declaró que veía el amanecer de una nueva era, «una de las más grandiosas en la historia del mundo», en la que no solo los Balcanes y Constantinopla serían liberados e incorporados a Rusia, sino también los eslavos ortodoxos de una Austria multiconfesional. Después de eso, «todo el mundo eslavo respirará más tranquilo bajo la protección de Rusia, una vez esta haya cumplido con su deber cristiano y fraterno». En otras palabras, el pueblo ruso, elegido por Dios, uniría a todos los creyentes eslavos y ortodoxos en una alianza de pueblos, no de Estados.

A Nicolás, sin embargo, no le gustaba este razonamiento, y rechazó la idea de una unión entre eslavos por considerarla como algo directamente criminal. San Petersburgo estaba políticamente más próximo a Viena y Berlín que a sus hermanos eslavos, los cuales, para más inri, vivían en Estados a los que Rusia estaba vinculada por tratados internacionales, y el emperador ruso, además, por lazos de familia. Para un gobernante que pensaba en términos de dinastía y legitimidad, cualquier medida que pusiera en peligro la estabilidad europea resultaba inaceptable. Sin embargo, Nicolás coincidía con los eslavófilos en la importancia que ambos atribuían a la función de Rusia como defensora de la fe cristiana, y en una carta a su suegro, el rey Federico Guillermo III de Prusia, le expresó su desesperación al verse solo en esa batalla:

> ¿Debo quedarme solo luchando bajo el estandarte de la Santa Cruz y ver cómo los otros, que *se hacen llamar cristianos,* se unen *bajo la luna creciente para luchar contra la cristiandad?* [...] No me queda otra cosa por hacer más que luchar, vencer o caer con honor, *como un mártir por nuestra santa fe,* y cuando digo esto lo hago *en nombre de toda Rusia.* (La cursiva es del emperador).

Después de la guerra de Crimea, sin embargo, se produjo una nueva oscilación del péndulo ideológico. La embarazosa derrota de Rusia había demostrado que el país necesitaba una reforma, aunque solo fuera por razones militares y económicas. El control férreo y autocrático que Nicolás, siguiendo el ejemplo de Pedro el Grande, había ejercido sobre Rusia, ya no era sostenible como forma de gobierno.

> Ya no podemos engañarnos —declaró el gran duque Constantino—. Somos más débiles y más pobres que las naciones de primer orden, y más pobres no solo en lo material, sino también intelectualmente, especialmente en los asuntos de la administración.

El país debía liberalizarse e industrializarse o dejaría de contar como gran potencia. La guerra se había librado en nombre de Dios y de Rusia, pero las décadas siguientes fueron de los «europeos».

El gran duque Constantino era el hermano pequeño de Alejandro II, que sucedió en el trono a su padre Nicolás en 1855. Fue el primer cambio de gobierno en más de 150 años que no se produjo en forma de golpe de Estado, lo cual constituía un buen presagio. La personalidad de Alejandro era completamente distinta a la de su padre: de carácter suave, estaba abierto a nuevas ideas, pero al mismo tiempo era inseguro e indeciso. En este sentido, se parecía más a su tío Alejandro I. También él, a diferencia de su padre, se había ido preparando para su cometido desde la cuna. Había recibido una educación excelente —entre otros, con el gran poeta Vasili Zhukovski, uno de los mentores de Pushkin—. Paradójicamente, Nicolás, que hizo cuanto estuvo en su mano para frenar la difusión de las ideas ilustradas en Rusia, hizo que su hijo recibiera la formación de un monarca ilustrado. A diferencia de sus predecesores, a Alejandro se le eximió de empezar a recibir entrenamiento militar a una edad que habría sido demasiado temprana.

Todos estábamos tan profundamente convencidos de que el sistema social existente no podía continuar que ya veíamos el amanecer de una nueva época: ¡una época de libertad e ilustración general! Y nos aferrábamos a este pensamiento con tanto apego que resultaba imposible ponerlo en palabras.

Así recordaba la matemática Sonja Kovalevskaya la atmósfera que rodeó la subida al trono de Alejandro II.

El entusiasmo de Kovalevskaya es un ejemplo representativo del apoyo que Alejandro II recibió por parte de prácticamente todos los sectores de la sociedad rusa. Al igual que la mayoría de sus predecesores, el nuevo emperador comenzó su carrera revocando varias de las decisiones tomadas por estos, y así, los decembristas que seguían exiliados en Siberia fueron perdonados y se les permitió volver a casa, se retomó la enseñanza de la Filosofía y la Lógica en las universidades, y la censura de periódicos, revistas y libros se suavizó considerablemente. Todo esto supuso un enorme estímulo para el libre intercambio de ideas y para la literatura rusa, que floreció y despuntó a nivel internacional bajo el gobierno de Alejandro II. Esta fue la primera vez que se utilizó el término «deshielo» —posteriormente asociado al período de reforma de Jrushchov en la década de 1960— como metáfora para una Rusia que evolucionaba y dejaba atrás el autoritarismo.

Durante el reinado de Alejandro se materializaron por fin varias de las ideas ilustradas que Catalina había introducido y que Alejandro I había adoptado durante un tiempo. La reforma de mayor envergadura estuvo relacionada con la situación de los campesinos rusos. Un año después del fin de la guerra de Crimea, el nuevo emperador declaró que era «mejor abolir la servidumbre desde arriba que esperar a que comenzara a abolirse ella misma desde abajo». Fue abolida cinco años después, en 1861. No obstante, la reforma fue un avance a medias. Los campesinos obtuvieron libertad y derechos civiles, pero se veían obligados a pagar al terrateniente para cultivar la tierra, que seguía siendo suya.

La debilidad de la reforma radicaba en pretender contentar a todas las partes: los campesinos debían sentir que experimentaban una mejora en sus condiciones, y los terratenientes, que se protegían sus intereses económicos. La reforma no tenía el objetivo de abolir la autocracia, sino de asegurar su supervivencia; el *statu quo* no debía verse amenazado. A la larga, el efecto fue el contrario: dado que pocos campesinos tenían la oportunidad de comprar su libertad, se hizo imposible el desarrollo de un campesinado independiente en Rusia, lo cual tuvo consecuencias políticas devastadoras.

Sin embargo, la reforma marcó un antes y un después en la historia de Rusia. No fue perfecta, pero supuso un cambio en la relación entre los terratenientes, que constituían el principal apoyo del régimen, y los campesinos. Le siguieron varias reformas en otras áreas de la sociedad, como la introducción de un sistema de autogobierno local llamado *zemstvo*. El sistema judicial también fue reformado mediante la introducción de tribunales públicos, un sistema de juicio por jurado y jueces a los que no se podía cesar.

Al igual que la abolición de la servidumbre, estas reformas supusieron una ruptura decisiva con el pasado. Los órganos y tribunales del autogobierno local atrajeron a profesionales —médicos, abogados, economistas, agrónomos y gentes de otras profesiones— y, a lo largo de las décadas siguientes, se convirtieron en focos de liberalismo que a menudo entraban en conflicto con el aparato estatal. Las reformas desembocaron en limitaciones a la burocracia y en la aparición de nuevos centros de poder que, a la larga, llegaron a socavar el régimen.

En un clima social en el que los «europeos» tenían preponderancia ideológica, las ideas de los eslavófilos quedaron relegadas a un segundo plano. No obstante, aunque ya no desempeñaran el mismo papel que antes, su influencia no desapareció. La humillación del Estado ruso durante la guerra de Crimea supuso, en un baño de humildad, una toma de conciencia de la superioridad política y militar de Europa, pero entre los nacionalistas románticos suscitó un fuerte sentimiento de revancha. La ideología eslavófila evolucionó, pues, en la dirección señalada por Konstantín Aksakov en la cita al comienzo de este capítulo: hacia un paneslavismo, un movimiento orientado a persuadir al gobierno ruso de adoptar una política exterior más chovinista y expansiva.

El objetivo era formar una federación eslava bajo el liderazgo ruso. El primer Congreso Paneslavo tuvo lugar en Praga en 1848; el segundo, en Moscú en 1867. Ninguno de estos encuentros produjo resultados concretos, lo cual se debió en parte a que los eslavos nunca habían sido una entidad política y cultural. En esto se diferenciaban de los alemanes, quienes, aunque también luchaban por unificarse en una sola nación, habían formado parte del Imperio romano-germánico durante mil años y tenían un lenguaje común. De los pueblos eslavos, solo los rusos tenían su propio Estado; los demás formaban parte de Estados más grandes. La causa de los eslavos se definía principalmente de forma negativa: *contra* el Imperio otomano y *contra* Prusia y Austria. Los conflictos nacionales, como el existente entre polacos católicos y rusos ortodoxos, complicaban aún más el asunto: los polacos no querían una nación eslava bajo el gobierno de Rusia y los rusos preferían que los polacos dieran la espalda a Occidente. Por todo esto, el paneslavismo no alcanzó ninguna relevancia política a efectos prácticos. Sin embargo, su ideología ha llegado hasta nuestros días, y por ello, está justificado que nos detengamos sobre él y sobre algunos de sus intelectuales más destacados.

Nikolái Danilevski (1822-1885) fue un estudioso de las ciencias naturales y sociales que aplicó un enfoque taxonómico al estudio de la historia, clasificándola según los distintos tipos de civilización. Danilevski compartía las ideas de los eslavófilos acerca de la singularidad de Rusia, pero no las relativas a la trayectoria histórica del país. Para los eslavófilos, esta giraba en torno a la defensa de los «verdaderos valores cristianos» y el auténtico modo de vida ruso, y el Estado era considerado un mal necesario; para Danilevski, el objetivo era un Estado ruso fuerte y, por extensión, una federación eslava bajo la soberanía rusa. Por eso, tampoco compartía con los eslavófilos su opinión negativa sobre Pedro el Grande: para Danilevski, el hecho de que sus reformas fueran importadas de Occidente era algo secundario frente a lo positivo que suponía asentar los cimientos para la fundación de un imperio.

Según Danilevski, no existen «valores universales», ya sean cristianos o de otra clase, e incluso para él, la moral cristiana no es algo que pueda aplicarse a la política; la moral solo puede exigirse a individuos. Por este motivo rechazaba los principios fundamentales de la Santa Alianza, argumentando que la relación entre Estados y naciones debía basarse en el interés propio. «En política no puede haber otra regla que el ojo por ojo, diente por diente: medir a los demás con el mismo rasero que aplican con nosotros».

El rechazo de Danilevski hacia los valores universales venía de su filosofía de la historia, que se basaba en una clasificación de las civilizaciones según diversos tipos histórico-culturales. Para él, la historia no equivalía al progreso de una sola civilización universal. Según su modelo, la historia se desarrolla a través de tipos histórico-culturales diferenciados y cerrados. El desarrollo y el progreso solo pueden ocurrir dentro de cada civilización por separado. Por eso, no tiene sentido intentar formular teorías aplicables a toda la humanidad, en especial porque estas parten de la idea equivocada de que la historia del hombre equivale a la historia de Europa occidental.

Danilevski distingue diez tipos de civilización, desde la egipcia a la germano-romance, que, a su vez, pueden tipificarse atendiendo a si predomina en ellas lo religioso, lo cultural, lo político o lo socioeconómico. La mayoría de las civilizaciones han sido monoculturales: la hebrea, religiosa; la griega, cultural; la romance, política. La europea (germano-romance), por otra parte, incluye cultura y política y es, además, capaz de asimilar elementos externos.

De los diez tipos de civilización, nueve pertenecen al pasado y la décima, la germano-romance, está a punto de unírseles. La civilización occidental ha pasado por tres períodos de grandeza, el más reciente a finales del siglo XVIII, que desembocó en la caída del feudalismo y el surgimiento de la era técnica e industrial. Durante este período, sin embargo, se consolidaron las fuerzas que algún día habrán de destruir el tipo de civilización germano-romance: primero, los levantamientos de 1848; después, la Comuna de

París de 1870-1871, que, para Danilevski, marcó «el principio del fin».

Sin embargo, según Danilevski, el crepúsculo de esta civilización no afecta a Rusia, que no forma parte de Europa. Rusia y Europa corresponden a distintos tipos de civilización y no hay interacción entre ellas. En el libro *Rusia y Europa* (no traducido al castellano), escribe:

> En tanto que un país ajeno al mundo europeo debido a su estructura interna y, al mismo tiempo, demasiado fuerte y poderoso para ocupar un lugar entre los miembros de la familia europea y sumarse a los grandes Estados europeos, la única forma para Rusia de conquistar un lugar en la historia digno de sí y de los pueblos eslavos es liderar un sistema político independiente compuesto de varios Estados y actuar como contrapeso frente a Europa en todas sus manifestaciones.

Rusia está más que dispuesta a ayudar a la historia a acelerar la caída de la civilización germano-romance, pero Danilevski no llega al punto de abogar por una guerra. En vez de ello, considera que Rusia debería dejar de centrar su atención en Europa, conquistar Constantinopla y liberar a sus hermanos eslavos. Esto conduciría a la aparición de un undécimo tipo de civilización, la eslava, en la que, gracias al talento de los pueblos eslavos, tendrán cabida los cuatro elementos culturales, con lo que estará tan cerca como es posible estarlo de convertirse en una cultura universal.

Trece

Rusia y Europa, de Danilevski, era un ataque directo contra los «europeos» y los liberales en general, y se convirtió en una Biblia del paneslavismo. Pero cuando el libro fue publicado en 1869, Rusia se encontraba en una fase «europea» de su desarrollo y la obra no suscitó gran atención más allá de las filas de los conversos. Además, en esta época, las líneas de división ideológica no estaban tan claras como en los tiempos de Nicolás I: los eslavófilos habían evolucionado hacia el paneslavismo y los «europeos» —que nunca habían sido un grupo homogéneo, pues lo que les unía principalmente era su oposición a los eslavófilos— se habían escindido en liberales y socialistas.

Volveremos sobre el liberalismo y los liberales. El «socialismo ruso», por su parte, llegó a incorporar elementos importantes de la ideología eslavófila. Dado que quienes lo diseñaron eran, principalmente, «europeos», esto resulta paradójico. No obstante, la paradoja da fe del atractivo de la «idea rusa», la idea de que Rusia tiene una trayectoria histórica propia que recorrer.

El principal representante del «socialismo ruso» fue Aleksandr Herzen, quien siendo estudiante fue exiliado de Moscú por expresar ideas impopulares. En 1847 se marchó de Rusia definitivamente con el objetivo de establecer una imprenta rusa libre. Lo consiguió. La revista *La campana* (*Kolokol*), que se publicó durante de 1857 a 1867, tuvo un enorme impacto. Estaba prohibida en Rusia, pero entraba de contrabando, y el propio emperador la leía ávidamente en su afán por mantenerse informado sobre lo que estaba sucediendo en su país. *La campana* fue la primera de una larga lista de publicaciones de emigrantes rusos que han influido el discurso intelectual de Rusia.

La campana se publicaba en Londres, a donde Herzen se trasladó en 1852, después de algunos años en Francia y Suiza. Entrar físicamente en contacto con Europa occidental —de la que había sido un entusiasta desde su juventud, poniéndola como ejemplo a seguir en la polémica contra los eslavófilos— supuso una profunda decepción personal. Herzen experimentó una aversión inmediata e instintiva hacia la Europa burguesa, un continente de «tenderos», tan desprovisto de una espiritualidad que en Rusia abundaba. La burguesía, afirmó, no tenía una gran historia ni un futuro. De hecho, históricamente había tenido una sola función: la de servir como negación, como contrapeso, como puente hacia el futuro en la lucha por conquistar sus derechos.

En tanto que nueva «religión social» en la lucha contra las autoridades, la burguesía no valía gran cosa. Esa lucha debía emprenderla el socialismo. Sin embargo, durante las revoluciones de 1848-1849, los socialistas europeos habían demostrado ser incapaces de cualquier acción real, por lo que fue la burguesía la que ganó la batalla. Según Herzen, el motivo era que los socialistas europeos se habían convertido en burgueses, circunstancia que lo llevó a dudar de que sus ideales pudieran llevarse a efecto en Europa occidental. En su lugar, tenía puestas sus esperanzas en los eslavos, los cuales, al igual que los bárbaros en los últimos tiempos del Imperio romano, aplastarían el orden vigente para establecer uno nuevo. «Ha llegado la era del mundo eslavo», declaró Herzen, y su capital era Constantinopla. Rusia podía alcanzar el socialismo sin necesidad de pasar por el mismo desarrollo que Europa occidental: puesto que Rusia no tenía burguesía ni clase media, la fase burguesa de la historia podía sencillamente omitirse.

Por su forma de entender el desarrollo de Rusia, Herzen coincidía con la concepción eslavófila de la historia. Tomó del mismo arsenal ideológico la idea de la comunidad de campesinos y la convicción de que el colectivismo y la propiedad colectiva eran algo natural para el pueblo ruso: «El hombre del futuro en Rusia es el *campesino*, igual que en Francia lo es el trabajador». A diferencia de los europeos occidentales, los rusos no se habían visto corrompidos por el legado del Derecho romano ni por la concepción individualista de la propiedad que vino después. La comunidad de campesinos no estaba gobernada por leyes y reglamentos, sino por los lazos naturales entre sus miembros. Al igual que los eslavófilos, Herzen también consideraba que el credo ortodoxo era más fiel a los Evangelios cristianos que el católico. El aislamiento religioso que la asociación con el Imperio Romano de Oriente había traído a Rusia había tenido además la ventaja de evitarle el contacto con una Europa occidental enferma.

En su defensa de la idea de que era posible omitir la fase burguesa de la historia, Herzen se sumó a quienes consideraban que la ausencia de lastre histórico de Rusia era, de hecho, una bendición, ya que el país no se veía obstaculizado por tradiciones y leyes. Como hemos visto, esta era la opinión de Leibniz y Diderot, así como la de los eslavófilos.

En lo tocante a su valoración de Pedro el Grande, no obstante, Herzen tenía una visión radicalmente distinta. Eran las reformas de Pedro las que habían conducido a la aparición de un estamento de rusos educados, sin ningún tipo de vínculo con la Rusia anterior a Pedro. «El ruso que reflexiona es el hombre más libre sobre la tierra. ¿Quién puede detenerlo? ¿El respeto por el pasado?», se preguntaba Herzen, a lo que él mismo respondió: «Somos libres porque empezamos a vivir desde el inicio, somos independientes porque no poseemos nada».

Los «rusos educados» tenían un papel importante en el pensamiento de Herzen. El comunismo «innato» de la fuerza conservadora y por el momento latente del campesinado ruso no era suficiente para iniciar un levantamiento social. Para ello se requería un estímulo capaz de llamar a la vida a las masas, una fuerza con conciencia de lo que debía hacerse. Esta fuerza, según Herzen, la conformaban aquellos individuos que ya habían recorrido «en nombre de la gente» el largo y arduo camino desde la incultura y la pobreza hasta la toma de conciencia de la necesidad de cambio, por lo cual «habían estado pagando con cadalsos, prisión, exilio la ruina económica y la vida insoportable que vivimos».

Estos individuos pertenecían al nuevo estrato social originado durante «la década extraordinaria», a saber, la *intelligentsia*. Los intelectuales existían en otros países, pero la *intelligentsia* como fenómeno colectivo es un rasgo particular de Rusia. En la historia rusa, la *intelligentsia* ha desempeñado un papel singular en tanto que fuerza opositora frente a un Estado represivo y representante de un pueblo sin voz, como sustituto de la sociedad civil que, por razones políticas, nunca llegó a desarrollarse en el país.

Era la *intelligentsia* la que, según Herzen, convencería a los campesinos rusos tanto de la necesidad de acabar con el poder del zar como de las virtudes del socialismo. No obstante, estos intelectuales tenían una visión ignorante e imperdonablemente ingenua del pueblo ruso. Cuando los estudiantes y otros intelectuales marchaban a los pueblos para poner en práctica las teorías de Herzen, a menudo acababan siendo reportados a las autoridades por esos mismos campesinos cuya oscuridad habían ido a iluminar. El amor de la *intelligentsia* por el pueblo no era correspondido, lo cual era y es parte de su tragedia.

Catorce

La evolución de Aleksandr Herzen pone de manifiesto cuán difícil era resguardarse de los cantos de sirena de la idea rusa. En las décadas en torno a 1850, no había sobremesa donde la cuestión de la trayectoria histórica del país y su relación con Occidente no fuesen tema de conversación. En su novela *Humo,* de 1867, Iván Turguéniev cuenta que cuando diez ingleses se reunían, apenas pasaban unos minutos antes de que empezasen a conversar sobre el telégrafo submarino, el impuesto sobre el papel o métodos para curtir la piel de rata, esto es, sobre cosas concretas; cuando se reunían diez alemanes, la conversación giraba en torno a Schleswig y Holstein y la unificación de Alemania; cuando se reunían diez franceses, la conversación se volvía inevitablemente escabrosa..., pero cuando diez rusos se reunían, solo había un problema en la agenda: la importancia y el futuro de Rusia, un tema al que se le daban vueltas sin jamás llegar a agotarlo.

Iván Turguéniev vivió gran parte de su vida en Francia y Alemania, y era un liberal convencido; uno de los pocos en el parnaso decimonónico ruso. Aunque era consciente de «todos los aspectos cómicos y vulgares de Occidente», se declaraba «un inveterado, incorregible *zapadnik*». Según Turguéniev, solo adoptando los valores humanos universales que Europa representaba podría Rusia alzarse de las tinieblas de su historia pasada.

Aleksandr Herzen empezó siendo un aliado de Turguéniev, pero acabaron chocando cuando el primero comenzó a predicar su socialismo campesino. Frente a la postura de Herzen, quien veía a Rusia como una prima distante de los países europeos, poseedora de «un encanto rústico [que] era más sano y más digno de alabanza que el de sus primos», Turguéniev sostenía que Rusia era «la misma chica que sus hermanas mayores, solo que un poco más ancha de caderas». Para Turguéniev, la idea popular según la cual Occidente era «superficialmente hermoso pero feo por dentro» y Oriente, «superficialmente feo pero hermoso por dentro» no era más que un cliché falso.

De igual envergadura era el conflicto entre el «europeo» acérrimo Turguéniev y Fiódor Dostoyevski. En el debate sobre Rusia y Europa, estos dos grandes escritores estaban en las antípodas.

El escepticismo que Dostoyevski profesaba hacia Europa occidental era anterior incluso a su primer viaje al continente en 1862. Como le sucedió a Herzen, conocer (sobre todo) Francia e Inglaterra en persona suscitó en él un fuerte desagrado. Para Dostoyevski, las gentes de estos países se movían impulsadas por el ansia de dinero y por instintos de posesión, y se caracterizaban por ser falsas, desalmadas y excesivamente racionalistas. ¡Cuán grande no era el contraste con los orgullosos eslóganes que proclamaban libertad, igualdad y fraternidad! ¡Y con la fraternidad y la humanidad que caracterizaban a Rusia!

El inmenso Crystal Palace de Londres, construido en acero y cristal para la Exposición Universal de 1851, constituyó un símbolo material del racionalismo característico de Europa occidental. Para Dostoyevski, este monumento ilustraba en su esencia la diferencia entre Rusia y Occidente, y fue lo que lo impulsó a formular (en *Memorias del subsuelo*) el pensamiento siguiente, muy propio del autor:

> En un palacio de cristal, [el sufrimiento] es impensable: el sufrimiento es duda, es negación, ¿y en qué clase de palacio de cristal tiene cabida la duda? Al mismo tiempo, estoy convencido de que el hombre nunca será capaz de reprimir el verdadero sufrimiento, esto es, la destrucción y el caos. El sufrimiento es la única razón de que tengamos conciencia.

Durante su estancia en Londres, Dostoyevski se puso en contacto con Herzen. Como el nombre de Herzen estaba prohibido en Rusia, no queda rastro del encuentro en las cartas o diarios de Dostoyevski. Pero que fue bien, resulta evidente a juzgar por una carta de Herzen a un amigo suyo: «[Dostoyevski] es ingenuo y no del todo claro, pero muy amable. Tiene una fe entusiasta en el pueblo ruso».

A entender de Dostoyevski, de entre todos los pueblos cristianos, el ruso era el único «devoto a Dios». En lugar del ideal católico de «la Iglesia como Estado», Dostoyevski proponía «el Estado como Iglesia». Al igual que los eslavófilos, pensaba que la misión histórica de Rusia era unificar a todos los eslavos bajo el gobierno ruso y, a continuación, salvar a Europa:

> Todo el sentido de Rusia está en la ortodoxia, en *la luz del este*, que alcanzará a la humanidad enceguecida en Occidente, que ha perdido a Cristo. El infortunio de Europa es consecuencia enteramente y sin excepción del hecho de que, al igual que la Iglesia de Roma, ha perdido a Cristo y luego ha decidido que es posible arreglárselas sin Cristo.

Las ideas de Dostoyevski acerca de la relación entre Rusia y Europa, no obstante, no respondían a un programa tan parcial como las de los eslavófilos. En sus diarios podía lanzar ataques terribles a la Europa moribunda, con sus «parlamentos, bancos y judíos», y tildar a los rusos que simpatizaban con Occidente de enemigos de Rusia, pero al mismo tiempo sostenía que los rusos tenían dos patrias, Rusia y Europa, «aun cuando nos consideremos eslavófilos». Esta perspectiva conecta, como señala Iver B. Neumann, con la concepción de Vasili Zhukovski de Rusia como un país único por su capacidad de ser dos cosas a la vez. Rusia es uno de los Estados europeos y, por tanto, Europa es una de las patrias de los rusos. Al mismo tiempo, estos pertenecen a otra nación poseedora de una misión sagrada: la salvación de la humanidad.

Aunque Dostoyevski, al igual que Danilevski y otros paneslavistas, esperaba con ansia el día en que Rusia conquistase Constantinopla, a diferencia de estos sostenía que la misión histórica de Rusia solo podía realizarse espiritualmente. La perspectiva cristiana se halla presente en toda su concepción de la relación entre Rusia y Occidente. Para él, Rusia es el pastor que reúne a las ovejas y trae a Cristo de vuelta a Europa. Quizá, escribió en 1861, «la idea rusa será una síntesis de todas las ideas que Europa, con tanta perseverancia, con tanta valentía, está a punto de desarrollar en sus diversas naciones». Esta es la primera vez que «la idea rusa» se usó como un término colectivo para hablar de la búsqueda identitaria de la nación rusa.

Hacia el final de su vida, Dostoyevski llegó a una concepción menos mesiánica y más humilde del papel de Rusia. Con ocasión de la presentación de una estatua de Pushkin en Moscú en 1880, dio un discurso que ha pasado a la historia por su ambición por reconciliar a eslavófilos y «europeos» y recalcar lo que une a Rusia y Europa. Dostoyevski habla aquí de «la futura misión independiente dentro de la familia de los pueblos de Europa» que tendrá Rusia: «Pues, ¿cuál es la fortaleza del alma del pueblo ruso si no, a fin de cuentas, la búsqueda de la universalidad y la unión de toda la humanidad?». Atrás quedaban los discursos sobre una Europa occidental moribunda y la superioridad de la civilización ortodoxa; lo único que permanecía era la búsqueda de una comunidad cristiana:

> La misión de los rusos atañe por naturaleza, innegablemente, a la totalidad de Europa y a la totalidad de la humanidad. Llegar a ser verdaderamente rusos, llegar a ser rusos juntos, quizá [...] no es otra cosa que llegar a ser hermano de todas las personas, un ser panhumano, por así decirlo. [...] Para el verdadero ruso, Europa y el destino de la totalidad de la gran tribu aria son tan importantes como la propia Rusia, como su patria, porque nuestra suerte es precisamente la universali-

dad, una universalidad conquistada no por la espada, sino por la hermandad y el esfuerzo fraternal por unir a las gentes.

Estas palabras hicieron llorar a Iván Turguéniev, contrincante ideológico de Dostoyevski, quien incluso abrazó al orador.

Quince

Las reformas internas que tuvieron lugar en el país durante el reinado de Alejandro II fueron bien recibidas por la mayor parte de la sociedad rusa, aunque algunos las consideraron inadecuadas y otros pensaron que iban demasiado lejos. La reforma más importante —la abolición de la servidumbre— fue aplaudida tanto por los eslavófilos como por los «europeos», así como, en general, por la gente de ideas liberales. Otra gran reforma tuvo que ver con las universidades, que se abrieron a un mayor número de estudiantes, los cuales, además, pasaron a tener libertad para elegir las asignaturas que querían cursar. Historia era una materia particularmente popular, especialmente porque varios de los profesores habían vuelto del extranjero tras la muerte de Nicolás I y predicaban el socialismo y otras herejías. Sin embargo, después de una temporada en que proliferaron las reivindicaciones estudiantiles, volvió a restringirse el acceso a la enseñanza superior.

El mayor desafío para la autocracia suavizada que prevaleció bajo el gobierno de Alejandro II vino de Polonia, que volvió a sublevarse, treinta años después de su último levantamiento, exigiendo libertad frente al Imperio ruso. Esto era algo que el emperador no podía tolerar, a riesgo de sentar precedente. En su lecho de muerte, Nicolás I había incitado a su hijo a «mantener todo sujeto». Esta era una petición que Alejandro no podía traicionar; no podía permitirse que el Imperio comenzara a desintegrarse. Pero Alejandro era indeciso, se veía dividido entre su carácter suave y su sentido del deber hacia su padre y los emperadores anteriores. Sin embargo, cuando se produjo un levantamiento en Polonia en 1863 y se proclamó un «gobierno nacional», Alejandro no vio otra alternativa que sofocarlo. Miles de polacos fueron ejecutados o enviados a Siberia, y comenzó una rusificación general del Reino de Polonia: el ruso pasó a ser la lengua oficial de todos los funcionarios y las funciones eclesiásticas y administrativas quedaron subordinadas al gobierno de San Petersburgo. En Lituania —que según los insurgentes debía formar parte de una nueva Polonia libre— se tomaron medidas análogas.

Alejandro sabía que dejar ir a Polonia le reportaría respeto en el panorama internacional. Pero también sabía que, en su propio país, esa misma acción desencadenaría el sentimiento opuesto y hasta acusaciones de traición. Una vez aplastado el levantamiento, fue fuertemente criticado en el extranjero, especialmente por parte de Francia, que apoyaba abiertamente a los rebeldes. En Rusia, por otra parte, la represión del levantamiento fue recibida con satisfacción y aplaudida por los paneslavistas. Hubo, no obstante, excepciones, como la de Aleksandr Herzen, que apoyaba a los insurgentes polacos. Este acto de valentía le costó perder su reputación e influencia, así como las de *La campana,* en su país natal.

Al aplastar la revuelta polaca, Alejandro había demostrado que era capaz de «mantener todo sujeto». Sin embargo, no se contentó con preservar las tierras que había heredado de su padre, sino que expandió el territorio del Imperio ruso al este y al sureste. La expansión se produjo sin derramamiento de sangre. Rusia negoció partes de Siberia oriental con China y la parte sur de la isla de Sajalín con Japón. El Cáucaso cayó bajo la supremacía rusa en 1864 y unos años más tarde, en Asia Central, los kanatos de Tashkent, Samarcanda, Jiva y Bujará fueron unificados en el Turkestán ruso. El Imperio ruso llegaba ahora desde la frontera occidental de Polonia hasta el océano Pacífico. La expansión rusa hacia el este, que había comenzado en el siglo XVI, quedaba así, en un principio, completada.

No obstante, había una cuestión por resolver desde tiempos de Catalina: la cuestión turca. La tradición demandaba que Rusia protegiera a los ortodoxos del Imperio otomano. Los abusos por parte de los turcos eran habituales y, cuando más de 30.000 personas murieron en el levantamiento de Bulgaria en 1876, Serbia y Montenegro le declararon la guerra al sultán. La ofensiva serbia (dirigida por un general ruso) fue exitosa, y el sultán cedió una vez Rusia confirmó que no tenía intención de conquistar Constantinopla.

Esta restricción no era del agrado de los paneslavistas rusos, a quienes volvía a hervirles la sangre por primera vez desde el levantamiento polaco. Escritores como Iván Aksakov y Dostoyevski reclamaron que se completase la misión histórica de Rusia, al igual que los muchos «comités eslavos» que se habían formado por todo el país después de la guerra de Crimea para apoyar a los pueblos eslavos que luchaban por liberarse de los turcos.

La retórica de los partidarios de la guerra era ruidosa y agresiva. Al igual que durante la crisis polaca, Alejandro vaciló, pero la presión pública se impuso y, en abril de 1877, declaró la guerra al Imperio otomano. Durante los diez meses que duró la guerra, la suerte del conflicto cambió. Cuando se llegó a un acuerdo de paz, fue por presiones externas, especialmente de Gran Bretaña, que no quería que Rusia se expandiera por esa zona. A pesar de que las tropas rusas estaban a solo tres marchas de Constantinopla, Alejandro, para decepción y rabia de los paneslavistas, renunció a tratar de cumplir el sueño de Catalina de plantar una cruz sobre la cúpula de la mezquita de Santa Sofía.

Dieciséis

Un ferviente partidario de la conquista de Constantinopla por parte de Rusia era el diplomático y filósofo Konstantín Leontiev (1831-1891), uno de los pensadores más originales y extremistas de la historia de la filosofía rusa, cuyo patetismo marcadamente antiburgués y elitista le ha valido el apodo de «el Nietzsche ruso».

Leontiev era de la opinión de Dostoyevski en cuanto a que Rusia no pertenecía a la civilización europea, pero respecto a qué era Rusia, tenía una visión particular. Según Leontiev, Rusia no solo era un país eslavo, sino que también incluía importantes elementos asiáticos y era, sobre todo, heredera de la civilización bizantina. La conquista de Constantinopla por Rusia conduciría, por tanto, al desarrollo de un nuevo tipo de cultura que no sería eslava, sino neobizantina. Según Leontiev, la herencia bizantina, encarnada en la ortodoxia y la autocracia, es «el principio organizativo» de la historia rusa. En este sentido, Rusia se diferencia de los «eslavos», los cuales, según Leontiev, conforman una masa amorfa y desorganizada. Que los eslavos del sur que habitaban en los Balcanes hubieran podido preservar su originalidad se debía a que los turcos habían «congelado» su cultura, protegiéndolos así de la influencia liberal de Occidente. Para Leontiev, Rusia también debía «congelarse» para evitar «pudrirse».

Detrás del razonamiento de Leontiev está su «teoría de la evolución». Según esta teoría, todo desarrollo pasa por tres etapas que son comunes tanto a la evolución biológica como a los estilos artísticos y los mecanismos de la sociedad. La primera se caracteriza por una simplicidad y homogeneidad monocromas; la segunda, por la individualización y por una máxima riqueza de variación dentro del marco de una «forma despótica», de una «complejidad floreciente». La tercera etapa implica decadencia, homogeneización, una nueva simplicidad monocroma que anuncia la próxima muerte del organismo.

Los días de gloria de Europa —la segunda etapa del modelo de Leontiev— corresponden al período comprendido entre el Renacimiento y el siglo XVIII, que se caracterizó por una «complejidad floreciente», consistente en que cada clase social tenía un lugar propio, otorgado por Dios. Después llegó la Ilustración, con sus ideas niveladoras acerca de la igualdad. Durante esta fase, la cultura comenzó a entrar en decadencia, pues una cultura solo puede florecer bajo un «despotismo de la forma» integrador. Según Leontiev, el «proceso liberal-igualitario» que caracterizó a Europa (y en parte, también a Rusia) durante esta tercera etapa era lo contrario al desarrollo, y un proceso que debía detenerse a cualquier precio.

El concepto negativo que Leontiev tiene de los eslavos debe entenderse desde esta perspectiva. A diferencia de los rusos, los demás pueblos eslavos carecían de un principio organizador, de una «forma», lo cual los vuelve receptivos a las ideas igualitarias, tan ajenas a la cultura ortodoxa, bizantina. Este razonamiento llevó a Leontiev a la paradójica conclusión de que, por el momento, los austríacos y los turcos debían seguir gobernando sobre sus súbditos eslavos: solo gracias a la falta de libertad política habían querido cultivar su singularidad cultural. La liberación no debía llegarles hasta que Rusia hubiera madurado lo suficiente para cumplir con su misión histórica y —una vez conquistada Constantinopla— liderar a los pueblos eslavos en su evolución hacia el futuro.

Leontiev empezó siendo un admirador de las ideas de Danilevski, pero fue distanciándose gradualmente de muchas de ellas, especialmente del paneslavismo. En varias cuestiones, su opinión se apartaba también de la de los eslavófilos. El despotismo de Pedro el Grande, por ejemplo, había sido «progresista y aristocrático», y el refuerzo de la servidumbre y los privilegios de la nobleza por parte de Catalina, algo positivo. Las diferencias de clase y el despotismo eran fuerzas formadoras y organizadoras que ayudaban a contrarrestar el surgimiento de aspiraciones igualitarias que tendían a la desintegración. Sin embargo, en su aversión hacia el liberalismo y la desintegración de Europa occidental, Leontiev estaba transitando un camino que ya habían recorrido los eslavófilos y otros nacionalistas románticos.

Konstantín Leontiev era un solitario, su visión de la historia era extremista y tuvo una influencia limitada sobre sus contemporáneos, igual que sucedió con Nikolái Danilevski.

Como veremos, Leontiev y Danilevski tienen aún otra cosa en común: después de más de un siglo en el olvido más profundo, hoy en día la élite del poder ruso los celebra como pioneros y profetas.

Diecisiete

Pese a todas las diferencias de opinión entre eslavófilos, paneslavistas y nacionalistas románticos en cuestiones particulares, había algo que los unía: la idea de que Rusia es por naturaleza distinta e imposible de entender, especialmente para el mundo occidental, pero, paradójicamente, también para los propios rusos. Fiódor Tiutchev, el gran poeta del Romanticismo ruso, formuló esta idea con agudeza aforística:

> ¿Quién puede comprender Rusia con la mente?
> Para ella no se ha creado medida:
> su alma es de una clase especial,
> que solo la fe puede apreciar.

En una conversación con el diplomático y autor francés Eugène-Melchior de Vogüé, uno de los grandes propagandistas de la cultura rusa en Occidente, Dostoyevski se expresó en términos similares: «Poseemos el genio de todos los pueblos y también el genio ruso, de forma que podemos entenderos, pero vosotros nunca podréis entendernos». La creencia de que Rusia era tan especial que, por principio, el país no podía ser comprendido ni siquiera por los propios rusos era una idea que muchos intelectuales rusos compartían. Al mismo tiempo, no vacilaban en acusar a Occidente de no poder o no querer darse cuenta de la grandeza y la singularidad de Rusia. Que fuera poco razonable exigir comprensión hacia algo que *a priori* no se puede comprender, sin embargo, era algo que no parecía perturbar ni a Tiutchev y Dostoyevski ni a sus seguidores.

Partiendo de esta acusación de falta de comprensión y respeto, la percepción de que los países de Occidente se estaban aliando contra Rusia no quedaba lejos. Del mismo modo que la derrota en la guerra de Crimea había generado un fuerte impulso de venganza entre los eslavófilos, las aspiraciones truncadas de Rusia en la Guerra ruso-turca de 1877-1878 derivaron en acusaciones a Occidente de conspirar contra rusos y eslavos. Según Iván Aksakov, Europa occidental tenía un doble rasero, por el cual juzgaba a las «tribus germano-romances» según principios distintos de los que aplicaba a los rusos y otros eslavos: «La humanidad, la civilización, la cristiandad, todas esas cosas tienen que ceder cuando se trata de la relación de Europa occidental con el mundo oriental y ortodoxo». En consecuencia, Aksakov predijo un futuro en el que Europa quedaría dividida en dos bandos: por una parte, Rusia y todas las tribus ortodoxas eslavas; por otra, «la totalidad de la Europa protestante, católica e incluso mahometana y judía». La conclusión era que Rusia tenía que «fortalecer su bando eslavo-ortodoxo».

Según Aksakov, la agresividad de Europa occidental contra la civilización eslava tenía por objetivo evitar que esta ocupase su lugar. Su razonamiento estaba basado en la teoría de Danilevski sobre los tipos de civilización. La visión de Aksakov sobre este asunto, sin embargo, resultaba polémica, y no solo en el bando contrario. En su libro *La cuestión de la nacionalidad en Rusia* (no traducido al castellano), Vladímir Soloviov escribió:

Al principio de su libro *Rusia y Europa,* Danilevski preguntaba: ¿Por qué Rusia le desagrada tanto a Europa? Su respuesta es bien conocida: Europa nos teme, considera él, por nuestras capacidades en tanto que somos un tipo histórico-cultural nuevo y más elevado, llamado a ocupar el lugar del frágil mundo de la civilización germano-romance. Al mismo tiempo, el propio contenido del libro de Danilevski, así como declaraciones posteriores suyas y de otras personas de ideas similares, apuntan a otra respuesta: la razón de que Europa nos mire con enemistad y con miedo es que, tomando en consideración el poder oscuro y enigmático del pueblo ruso, combinado con nuestra pobreza e insolvencia espiritual y cultural, nuestras reivindicaciones declaradas son bastante grandes. En Europa, nada resuena con más fuerza que los gritos de nuestro «nacionalismo», que quiere aplastar Turquía, destruir Austria, arrasar Alemania, conquistar Constantinopla y, si la oportunidad se presenta, quizás India también. Y cuando se nos pregunta qué pensamos darle a la humanidad a cambio de cuanto hayamos conquistado y arrasado, cuáles van a ser nuestras contribuciones espirituales y culturales a la historia mundial, nos quedamos callados o murmuramos algunas frases sin sentido.

Esta cita podría llevar a pensar que el autor era un auténtico «europeo», pero no es el caso. Vladímir Soloviov (1853-1900) ocupaba una posición intermedia entre eslavófilos y «europeos». Fue un filósofo, teólogo, místico religioso y poeta de educación enciclopédica que ejerció una gran influencia tanto durante su corta vida como póstumamente. Su tesis de máster trataba *La crisis de la filosofía occidental* y su tesis doctoral llevaba por título *Crítica de los principios abstractos*. Fuera del campo filosófico es conocido principalmente por su misteriosa visión de *Sofía,* la sabiduría sagrada, «el principio femenino del mundo» («Das ewig Weibliche» de Goethe), que fue de gran importancia para los poetas simbolistas rusos, como, entre otros, Aleksandr Blok.

En su juventud, Soloviov se interesó por el eslavofilismo y trabó estrecha relación con Iván Aksakov y Dostoyevski. También se dice que fue el modelo que inspiró el personaje de Alyosha en *Los hermanos Karamazov.* Sin embargo, se fue distanciando gradualmente de sus ideales de juventud, dejó el periódico de Aksakov, *Rusia,* y en su lugar comenzó a publicar en el periódico de tendencia occidentalista *El heraldo de Europa.*

Las ideas de Soloviov sobre la historia eran una mezcla de ecumenismo y misticismo religioso. Siguiendo los pasos de Chaadáyev, había llegado a la conclusión de que, en el conflicto entre el Imperio Romano de Occidente y el de Oriente, era el primero el que tenía razón. Aunque la Iglesia católica había cometido errores, era una fuerza histórica activa. En esto se distinguía de la pasividad de la Iglesia ortodoxa, en la cual el verdadero cristianismo solo se encontraba en los monasterios. En la utopía de Soloviov, las iglesias cristianas estarían unidas bajo el liderazgo de un papa romano y un emperador ruso.

Fue esta utopía de un reino de los cielos en la tierra, levantado sobre los cimientos de una cristiandad unida, la que llevó a Soloviov a rebelarse contra la idealización eslavófila de la Iglesia ortodoxa. Por la misma razón, como hemos visto, rechazaba el nacionalismo en todas sus formas. Para ser una fuerza creativa, un pueblo debe dejarse «fecundar por influencias externas y debe por tanto estar *abierto* a tales influencias», dice, y continúa con una advertencia sobre las consecuencias del nacionalismo (las cursivas son mías):

> La *conciencia nacional* es una cosa, pero cuando la conciencia nacional de un pueblo se convierte en un *sentimiento de superioridad* y ese sentimiento de superioridad se aproxima a la *adoración de sí mismo*, su fin natural es la *autodestrucción*; la fábula de Narciso es una admonición no solo para individuos, sino también para pueblos enteros.

Según el historiador Aleksandr Yanov, arriba citado, esta fórmula —que llama «la escalera de Soloviov»— se vio confirmada catorce años después de la muerte del filósofo, al estallar la Primera Guerra Mundial. La élite cultural rusa abandonó entonces el verdadero patriotismo por el falso nacionalismo que sostenía que Rusia era superior a otros países. Así, se aniquiló a sí misma en un suicidio colectivo.

Dieciocho

La ideología eslavófila evolucionó hacia —algunos dirían que degeneró en— el paneslavismo y el nacionalismo reaccionario. La «idea europea» se escindió en dos vertientes ideológicas principales, la socialista y la liberal, de las cuales fue la primera la que acabó por imponerse. Tras los intentos fallidos de persuadir a los campesinos para que se revelasen contra el poder del zar, el socialismo campesino ruso se dividió en varias facciones, de las cuales la más influyente era Voluntad del Pueblo, fundada en 1879. Esta consideraba que el pueblo ruso era «fundamentalmente socialista en sus simpatías e ideales» y miraba a la comunidad de campesinos como un modelo administrativo y económico. Al igual que Herzen, también creían que era necesario detener el desarrollo burgués y capitalista de Rusia porque retrasaría la revolución. Lo que los separaba del socialismo de corte eslavófilo de Herzen era la estrategia con que pretendían lograr su fin: Voluntad del Pueblo era una organización terrorista cuya misión prioritaria eran los asesinatos políticos, siendo el emperador su objetivo principal. Después de dos intentos fallidos, Alejandro II fue asesinado por una bomba el 1 (13) de marzo de 1881. Dos horas antes, el emperador había informado al ministro de Interior Mijaíl Loris-Melikov de que su borrador para una constitución iba a ser estudiado por el Consejo de Ministros cuatro días más tarde. El asesinato del zar puso fin al segundo gran período de reformas en la historia de Rusia después de Pedro el Grande.

Así pues, a la muerte de Alejandro, Rusia estaba a punto de obtener una constitución que habría limitado el poder del emperador y conducido al país hacia una monarquía constitucional. Pero, en su lugar, el país dio un giro de ciento ochenta grados. El asesinato del Alejandro II tuvo un efecto tan traumático sobre su hijo, el emperador Alejandro III, como el que la revuelta decembrista había tenido en su abuelo Nicolás I. Para Alejandro, el acto había sido consecuencia directa de las reformas liberales que se habían llevado a cabo durante el reinado de su padre. Conceptos como «reforma» y «liberal», que antes habían tenido una connotación positiva, pasaron a convertirse en términos de insulto. Algunos días después del asesinato, Konstantín Pobedonostsev, procurador jefe del Santo Sínodo, escribió al nuevo emperador:

El momento de salvar a Rusia y salvarnos a nosotros mismos es ahora o nunca. Si seguimos entonando los viejos cantos de sirena sobre la importancia de detenerse a reflexionar, seguir avanzando en la dirección del liberalismo, ceder a la opinión pública... Por el amor de Dios, Su Majestad, no dé crédito a tales cosas, no escuche. Llevan a la ruina, la ruina de Rusia y la vuestra.

En su lugar, según Pobedonostsev, el emperador debía optar con rapidez y decisión por un camino distinto: «Todo discurso relativo a la libertad de prensa, el derecho de reunión o un órgano de representación debe cesar de inmediato, en este mismo momento [...]».

Alejandro siguió el consejo de Pobedonostsev, y dos meses después del asesinato de su padre firmó el manifiesto al que los historiadores suelen referirse como «Manifiesto de la autocracia inquebrantable». Este recalcaba la «fe en la fuerza y la verdad del Poder Autocrático», que el emperador estaba llamado a «consolidar y proteger contra todo tipo de ataques por el bien de su pueblo», e instaba a todos sus súbditos a ayudar a «erradicar el común espíritu de rebelión que deshonra el suelo ruso». Poco después, los ministros prorreformistas del gobierno se vieron obligados a dimitir, entre ellos Loris-Melikov, el autor del borrador de la reforma constitucional.

El comienzo del reinado de Alejandro III se caracterizó, siguiendo la tradición rusa, por las «contrarreformas». A Alejandro III se le compara a veces con Nicolás I y en verdad hay grandes similitudes en la manera de ambos de gobernar el país y lidiar con la oposición. No obstante, había una diferencia crucial: mientras que Nicolás se esforzaba por presentarse como un príncipe europeo, Alejandro no tenía esa ambición. Eran tiempos distintos. Veinticinco años de reformas habían dejado una huella profunda; la sociedad rusa no era tan fácil de manejar como antes. Se necesitaban, por tanto, medidas de represión más duras. Se otorgó una autoridad sin restricciones a la policía política para arrestar y deportar a personas molestas sin necesidad de un juicio. El poder de la aristocracia terrateniente se vio reforzado a expensas de los campesinos. La censura a la prensa, en principio inexistente durante el reinado de Alejandro II, volvió a introducirse. Se abolió el autogobierno de las universidades y las escuelas primarias quedaron subordinadas al Santo Sínodo. Se restringió la independencia de los tribunales. En los territorios de la periferia del Imperio, Polonia y Finlandia, así como en las provincias del Báltico, se inició un proceso de rusificación de la administración y la educación que se intensificaría durante el reinado del hijo y sucesor de Alejandro III, Nicolás II. Las principales víctimas de la política de rusificación fueron los judíos: decenas de miles fueron reubicados a la fuerza en asentamientos judíos en las regiones occidentales del Imperio, y se impuso una cuota máxima del 3 % para los judíos que quisieran estudiar en institutos y universidades. Esta política interior basada en medidas represivas logró atajar la oposición y un descenso en los asesinatos políticos. De este modo, la autocracia quedó a salvo por algún tiempo.

El nacionalismo de Alejandro se vio también reflejado en su apariencia externa, en la imagen que quería proyectar como zar. Le gustaba ejercer sus funciones vestido con un atuendo ruso tradicional y «simple». Este mismo cambio de estilo se produjo también en el ejército, cuyos uniformes de corte europeo fueron sustituidos por abrigos de medio largo, pantalones anchos y sombreros de piel de oveja. Alejandro III fue, además, el primer zar en más de 200 años en dejarse crecer toda la barba. Desde los tiempos de Pedro el Grande, la cuestión del vello facial había estado codificada en decretos imperiales. Alejandro I permitió bigotes y patillas y bajo Nicolás I se permitió que los oficiales se dejasen perilla siempre y cuando esta no superase los dos dedos de ancho. Con Alejandro II, a los funcionarios del gobierno se les permitió llevar barba y con Alejandro III, el vello facial del emperador se convirtió en modelo para funcionarios y militares.

El reinado de Alejandro III, como el de Nicolás I, se caracterizó por la represión y por una política reaccionaria, pero en el terreno económico siguió avanzando la europeización que había comenzado su padre. Bajo el liderazgo del ministro de Finanzas, Serguéi Witte —otro prominente hombre de Estado de nacionalidad rusa y raíces germano-bálticas— se hicieron enormes progresos en todas las áreas de la industria, especialmente en la metalurgia, y comenzó la construcción del ferrocarril Transiberiano. El desarrollo industrial de la década de 1890 no tuvo paralelo en Europa en cuanto a su magnitud y rapidez, y solo puede compararse con el que se estaba produciendo simultáneamente en Estados Unidos. Hubo, no obstante, una diferencia fundamental: en Rusia, como ha señalado el historiador sueco Kristian Gerner, el Estado era «la fuerza impulsora y el acreedor de las inversiones extranjeras, en un momento en que el desarrollo tecnológico había hecho posible construir compañías industriales de enorme tamaño». En otras palabras, el capitalismo de Estado de la Rusia postsoviética viene de antiguo.

Alejandro III también llevó a cabo una política exterior exitosa, en la medida en que, durante su reinado, Rusia no participó en una sola guerra. Si a su padre lo llamaban «el zar liberador», el apodo de Alejandro III fue «el zar pacificador». Cuando el siglo XIX llegó a su fin, la mayoría de los europeos ya no veía Rusia como un mundo extraño, sino «más bien, como una extensión de su propia civilización, si bien todavía en una etapa inmadura de su desarrollo», en palabras de Martin Malia.

Bajo el gobierno de Nicolás II, que sucedió a su padre Alejandro III –quien murió prematuramente, pero por causa natural– en 1894, el desarrollo económico y la integración europea de Rusia continuaron. Antes, la actividad del país había consistido principalmente en exportar materias primas e importar bienes industriales y de consumo, pero la introducción del patrón oro en 1897 atrajo a inversores extranjeros, y entre Rusia y Europa occidental surgió una relación de dependencia económica mutua. La economía creció a una velocidad sin precedentes y gradualmente se acopló al paso de la europea. Durante el período previo a la Primera Guerra Mundial, Rusia era una de las economías europeas en más rápido crecimiento.

El desarrollo económico no vino acompañado de un desarrollo político y social. Nicolás II no era un reformador, sino un emperador autocrático que había jurado públicamente defender los principios de la autocracia. Sin embargo, las circunstancias lo obligaron a aceptar ciertas reformas. Como había sucedido medio siglo antes con la derrota en la guerra de Crimea, fue un fracaso militar lo que impuso estas concesiones. La Guerra ruso-japonesa de 1904-1905 acabó con pérdidas devastadoras para Rusia a nivel tanto humano como material, y Nicolás se vio obligado a acceder al establecimiento de una Duma, un parlamento.

No obstante, los poderes de la Duma estaban severamente restringidos, y el zar la disolvió en dos ocasiones antes del estallido de la guerra mundial. Es difícil decir cómo podría haber seguido desarrollándose el país si no hubiera estallado la guerra y sí la revolución que la sucedió, pero una cosa está clara: asegurar un futuro más estable para el país habría requerido reformas mucho mayores de lo que Nicolás estaba dispuesto a aceptar.

De hecho, Rusia entró en el siglo XX sin haber resuelto aún sus principales problemas políticos y sociales del siglo XIX. Cuarenta años después de las primeras reformas de Alejandro II, Rusia era todavía una monarquía absoluta, un país sin una constitución ni un sistema funcional de representación del pueblo y en el que la mayoría de la población no sabía leer ni escribir.

No obstante, tanto socialistas como liberales hicieron a la autocracia blanco de sus duros y constantes ataques. Durante los primeros años del siglo XX, el movimiento socialista en Rusia se dividió en dos alas: una, reformista y socialdemócrata —el menchevismo— consideraba, al igual que el fundador de la ideología, Karl Marx, que Rusia debía desarrollar una burguesía antes de que la transición al socialismo pudiera llevarse a efecto; la otra ala —el bolchevismo— era de la convicción de que el socialismo podía implementarse en Rusia pese a que el país carecía de un proletariado desarrollado. Al igual que Herzen, sostenían que sería posible omitir la fase burguesa del desarrollo histórico. Los bolcheviques defendían una transición directa por medios revolucionarios desde el atraso político, social y económico de Rusia al socialismo. Esta interpretación del marxismo demostró tener a la historia de su parte.

Así pues, la forma de entender la trayectoria histórica de Rusia no solo dividió a la *intelligentsia* y a la sociedad rusa en general, sino también al movimiento socialista, donde los mencheviques pueden ser considerados «europeos» y los bolcheviques, nacionalistas románticos. El bando «europeo» incluía también a los liberales, que contaban entre sus miembros a algunos de los cerebros más brillantes del país, como el padre del autor Vladímir Nabokov. Vladímir Nabokov padre fue uno de los dirigentes de los Demócratas Constitucionales (llamados «kadetes» por sus iniciales), un partido político que quería dirigir a Rusia en su desarrollo hacia una monarquía constitucional y un sistema parlamentario, siguiendo el modelo de Europa occidental. La década que transcurrió desde 1905 hasta la Primera Guerra Mundial constituyó el momento de apogeo del liberalismo ruso. Sin embargo, al no haber una burguesía rusa, las ideas liberales nunca tuvieron un impacto tan grande como las del socialismo, que ejercieron sobre las masas un atractivo mucho mayor.

Diecinueve

Igual que en la guerra anterior, contra Japón, a Rusia le fue mal en la Primera Guerra Mundial. Tan mal que directamente se convirtió en una revolución popular.

A principios de 1917, con la abdicación de Nicolás II, el imperio zarista cayó y llegaron a su fin los días de la autocracia rusa. El levantamiento pasó a conocerse como la Revolución de Febrero, por el mes en que se produjo. Trajo libertad política, libertad de reunión, de expresión y de prensa. En otras palabras, la revolución tuvo un trasfondo ideológico «europeo». Sin embargo, el gobierno provisional que se instauró previamente a la elección de una Asamblea Constituyente no fue capaz de ponerse de acuerdo acerca de una política que satisficiera las exigencias de paz y el sustento del pueblo. Los bolcheviques aprovecharon la situación, y en octubre de ese mismo año se hicieron con el poder por medio de un golpe.

La derrota de las fuerzas políticas liberales y socialistas reformistas señaló el fin de los doscientos años que había durado la era petrina («europea») de la historia rusa, así como la victoria del nacionalismo romántico: la idea de que Rusia tenía su propio camino histórico y una misión especial que cumplir. Con la introducción de un sistema social y económico fundamentalmente distinto del de otros países, el antagonismo tradicional entre Rusia y la Europa occidental burguesa, materialista, individualista y «podrida» se vio ahora complementado con una dimensión puramente ideológica: el antagonismo entre socialismo y capitalismo.

Aunque los bolcheviques nunca reconocieron esta conexión, la proclamación de Rusia como un Estado socialista de los trabajadores fue de hecho un intento por materializar el undécimo tipo de civilización del que hablara Nikолái Danilevski, aquel que había de suceder a la civilización burguesa germano-romance. Que esto fuera a suceder no era predicción del propio Danilevski. La idea de que a la sociedad capitalista le sucedería una sociedad socialista que luego evolucionaría a una fase superior, comunista, vino de uno de sus contemporáneos: Karl Marx. La Rusia comunista acabó percibiendo el mundo occidental como una civilización no solo extranjera, sino ideológicamente hostil, de la cual no cabía esperar ninguna clase de aportación.

Veinte

Puesto que, según el marxismo, el socialismo/comunismo constituía la fase final de la historia, la introducción del nuevo sistema social supuso que las cuestiones filosóficas que tanto tiempo llevaban acosando el alma rusa se dieran automáticamente por resueltas y, por lo tanto, fueran retiradas de la agenda.

Además, a lo largo de los años veinte el espacio público dentro de la Unión Soviética se fue comprimiendo progresivamente, hasta el punto de que al final de la década había desaparecido casi por completo. Puesto que la postura ideológica del Partido Bolchevique —esto es, del Estado— gradualmente pasó a ser la única permitida, un debate sobre el papel histórico de Rusia se volvió imposible fuera del marco marxista o, más bien, fuera del marco impuesto por la interpretación soviética oficial del marxismo.

La toma del poder por los bolcheviques y la subsiguiente guerra civil desembocaron para Rusia en la pérdida del Reino de Polonia y el Gran Ducado de Finlandia, así como de las provincias del Báltico. Para los intelectuales rusos que huyeron o fueron expulsados de su patria después de 1917, la victoria del bolchevismo y su exilio forzoso subrayaron la necesidad de entender mejor la trayectoria histórica de Rusia y el lugar que ocupaba en la historia. El hecho de que también los imperios otomano y de los Habsburgo se hubieran disuelto tras la guerra contribuyó a generar una sensación de apocalipsis. Además, muchos sentían una necesidad personal de entender, y quizá también de reconciliarse ellos mismos con las fuerzas históricas que los habían llevado a la situación en la que se hallaban. Así pues, no fue en Moscú ni en Petrogrado (el nombre que se le dio a San Petersburgo a partir de 1914) sino en Viena, París, Sofía, Berlín y Praga donde, tras los cataclismos de la guerra mundial y la revolución, se retomaron y se volvieron a debatir las cuestiones que originalmente había planteado Chaadáyev.

La Guerra civil rusa acabó en 1920. Ese mismo año se publicó un pequeño panfleto titulado *Europa y la humanidad* en la capital búlgara, Sofía. El autor era Nikolái Trubetskói (1890-1938), que había huido de Rusia ese mismo año. Además de un lingüista brillante, Trubetskói era también etnólogo, y fue desde esta perspectiva como decidió abordar la vieja cuestión de la trayectoria histórica de Rusia.

El título del libro era una paráfrasis del de la obra *Rusia y Europa* de Danilevski, de la que Trubetskói era claramente deudor. No solo tomó de Danilevski la clasificación de los tipos de civilización, sino también su denominación de la civilización europea (si bien Trubetskói no la llama «germano-romance» sino «románico-germánica»). Como se observa en el título del panfleto, Trubetskói amplió su perspectiva para extender la contradicción a dicha civilización y al resto de la humanidad, no solo a Rusia (que solo aparece mencionada en algunas páginas). El tema principal del panfleto son los efectos devastadores de la civilización románico-germánica sobre todos los pueblos que eligen europeizarse (como Rusia) o se ven obligados a ello (como las colonias): «Solo existe una oposición real: la que se da entre los romano-germánicos y todos los demás pueblos, entre Europa y la humanidad».

El empuje para escribir el libro vino de las convulsiones que habían sacudido Europa y especialmente Rusia en los años anteriores y que llevaron a una crisis de identidad a nivel nacional y personal:

> La Gran Guerra, y especialmente la «paz» que siguió, una palabra que aún debe emplearse entre comillas, han sacudido la fe en la «humanidad civilizada» y les han abierto los ojos a muchos. Nosotros los rusos estamos, por supuesto, en una situación especial. Hemos contemplado cómo todo lo que solíamos llamar la «cultura rusa» colapsaba en un instante. Muchos de nosotros nos sentimos impactados por lo rápida y fácilmente que sucedió y muchos comenzamos a reflexionar acerca de las causas de este fenómeno.

Según Trubetskói, la civilización románico-germánica es la creación de «un grupo étnico o etnográfico de pueblos limitado y específico», y no la civilización «universal» que afirma ser. Afirmaciones tras las cuales subyace, de hecho, un afán cínico de expansión y de hegemonía. Tomando en consideración este contexto, se pregunta si sería positivo adaptarse a la cultura europea. La respuesta es un no rotundo.

En parte porque se trata de una cultura individualista, materialista y llena de conflictos, pero sobre todo por una razón más profunda: un pueblo no puede incorporarse a la cultura de otro pueblo sin que los dos pueblos se unan antropológicamente, esto es, sin que se conviertan en uno. (Como los varegos, que fundaron el primer Estado ruso en el siglo IX y luego fueron absorbidos por la tribu eslava).

Que distintos tipos de civilización no pueden interactuar entre sí es una idea que ya estaba presente en Danilevski. Vemos pues que, a pesar de tratarse de problemas antiguos, estos asuntos se debatían en 1920 con el mismo fervor que en tiempos de eslavófilos y «europeos». Además, el apellido de quien los planteaba había estado vinculado estrechamente con la historia rusa durante siglos: Nikolái Trubetskói era príncipe y pertenecía a una de las familias más antiguas y de más elevada nobleza del país, con raíces en el siglo XIV. Uno de sus antepasados había sido el decembrista Serguéi Trubetskói. En una diáspora rusa en busca de su identidad, esto daba aún más peso a sus ideas.

El problema para un pueblo que ha adoptado o ha estado expuesto a la cultura románico-germánica —un «pueblo europeizado»— es que se ve obligado a adoptar una psicología extranjera y a aceptar valores que no solo no son los suyos, sino que van en contra de su «psicología nacional». Se ve obligado a experimentar en un corto período de tiempo una evolución que Europa ha transitado de forma gradual y a lo largo de un período más extenso, lo cual conduce a conflictos generacionales y tensiones sociales. Dado que los pueblos europeizados no pueden mantener el ritmo de los románico-germánicos, a veces tienen que tratar de alcanzarlos mediante un salto histórico. Según Trubetskói, los resultados de esta clase de desarrollo a saltos son «verdaderamente terribles»:

> A cada salto le sigue inevitablemente un período de visible estancamiento (desde un punto de vista europeo), durante el cual hay que poner orden en la cultura, coordinar los resultados obtenidos mediante ese salto [...] con otros elementos culturales. Y durante este «período de estancamiento» el pueblo, naturalmente, se irá quedando aun más atrás. La historia de los pueblos europeizados consiste precisamente en esta alternancia constante entre cortos períodos de «progreso» y períodos más o menos largos de «estancamiento».

El panfleto de Trubetskói marcó el inicio de un movimiento político-filosófico que vino a ser conocido como eurasianismo. Este movimiento recibió un impulso decisivo al año siguiente, con la publicación de la antología *El éxodo hacia Oriente* (una paráfrasis de «El Éxodo de Egipto»). Los cuatro autores —además de Trubetskói, el geógrafo y economista Piotr Savitski, el escritor y musicólogo Piotr Suvchinski y el filósofo Georgi Florovski— no buscaban presentar un programa unificado y coherente, sino expresar sus ideas desde la perspectiva política y profesional de cada uno de ellos. Sus ideas surgían, no obstante, de un mismo caldo de cultivo: la poderosa vivencia del desastre que siguió a los levantamientos históricos que ellos y su patria habían experimentado. Según el prefacio, estos levantamientos habían sido comparables a «puntos de giro histórico-culturales decisivos», como las conquistas de Alejandro Magno o la era de la Gran Migración.

A diferencia de la mayoría de emigrantes rusos, los eurasianos aceptaron la victoria de los bolcheviques como un hecho histórico consumado. En su opinión, era una ilusión pensar que el bolchevismo sería algo transitorio y que pronto todo volvería a ser como antes. Por ello, para asegurar la supervivencia de la cultura rusa y de Rusia como Estado, era importante tratar de entender los procesos históricos que estaban desarrollándose y adoptar una actitud hacia ellos.

Los eurasianos compartían la opinión de los eslavófilos acerca de la singularidad de Rusia y la influencia dañina de Occidente sobre el país. Pero, para ellos, la línea divisoria no estaba entre Europa y Rusia, sino entre Asia y Europa, por una parte, y Eurasia, por otra. Así pues, el Viejo Mundo no se dividía en dos continentes, sino en tres, de los cuales el tercero y más grande, Eurasia, estaba integrado por el «mundo ruso», un área que comprende, principalmente, Rusia, Ucrania y Bielorrusia, aunque algunos quieren incluir también Kazajistán.

Eurasia es una enorme masa de tierra que se extiende desde el oeste de China hasta los Cárpatos y se compone de grandes llanuras contenidas por seis grandes sistemas fluviales verticales. Es una unidad geográfica integrada e integradora, un continente independiente. Complementando los hechos geográficos con el análisis político, histórico, cultural y climatológico, los eurasianos afirmaban ser capaces de distinguir un tipo de civilización específico en ese continente, un tipo de civilización que se distinguía tanto de los países de Occidente como de los países al sureste y al sur del mismo. Según lo expresó un investigador:

La interpretación eurasiana de la historia rusa llevó a la tesis de que el mundo de Rusia posee una identidad geográfica e histórico-cultural propia, que no puede ser reducida ni a Oriente ni a Occidente, sino que constituye la comunidad propia de la civilización eurasiana, la cual está unida no solo por la fe ortodoxa, sino también por un mismo desarrollo espacial[3].

A diferencia de los eslavófilos, los defensores de la idea eurasiana recalcaban también que el «mundo ruso» no es únicamente eslavo, sino que incluye además a los mongoles, turcos, finoúgrios y otros pueblos que históricamente han interactuado con la población eslava en el área geográfica eurasiana. Como resultado de este proceso histórico, un Estado multinacional —Rusia— «compuesto por el conjunto de todas las gentes que pueblan ese Estado [...] y con su propio nacionalismo» fue emergiendo gradualmente, en palabras de Trubetskói. Los rusos no son ni europeos ni asiáticos, pero están más cerca de los pueblos del «mundo ruso» que de eslavos occidentales como los checos y los polacos (que, además, no son ortodoxos). «Rusia no es una nación, sino todo un mundo», escribió Georgy Fedotov, un filósofo cercano a los eurasianos. Si hay alguna civilización que merezca ser llamada «el Reino del Medio» es Eurasia, un puente entre civilizaciones y entre culturas, con tráfico en ambas direcciones. Un ejemplo de la relevancia histórica del continente era la Ruta de la Seda.

Lo característico de Eurasia es que siempre ha podido elegir entre varias alternativas y, en el curso de la historia, ha

---

3. El concepto de 'desarrollo espacial' (*mestorazvitie*) de Piotr Savitski era el equivalente al término *Lebensraum*, 'espacio vital', acuñado en 1897 por el geógrafo alemán Friedrich Ratzel.

recibido influencia de distintas fuentes. Lo novedoso de las ideas eurasianas era el énfasis en la importancia del elemento asiático para la formación del Estado ruso. Durante doscientos cuarenta años (1240-1480), grandes partes de Rusia estuvieron bajo el gobierno de la Horda Dorada, que estaba compuesta por varias tribus mongolas. A este período de la historia de Rusia usualmente se le denomina el «yugo mongol», y la mayoría de las veces aparece descrito en términos decididamente negativos. No así en el caso de los eurasianos, que consideraban que había sido una fortuna para Rusia haber caído bajo el dominio mongol en un momento en que los principados rusos estaban entrando en colapso a causa de sus luchas internas.

Los kanes mongoles ejercieron una poderosa influencia en la economía, la vida social y la mentalidad rusas, pero al mismo tiempo fueron tolerantes hacia las culturas extranjeras y sus dioses. En la historiografía oficial rusa, los fundadores del Estado ruso fueron príncipes de Kiev; para Nikolái Trubetskói, el reconocimiento lo merecían en su lugar los príncipes de Moscú, quienes, tras expulsar a los mongoles, ocuparon su puesto como amos del territorio ruso. («Reunieron las tierras rusas», como dice la expresión). Tras la liberación de Moscú y, más tarde, de otros territorios al este como Kazán, Astracán y Siberia, el vasto imperio de la Horda Dorada volvió a emerger en la forma de un nuevo Estado ortodoxo: Moscovia. En contraposición a la guerra de conquista de los mongoles, este Estado se constituyó pacíficamente, lo cual, según los eurasianos, tiene su explicación en el vínculo espiritual que unía a los pueblos implicados.

Este vínculo era la Iglesia. En la cosmovisión eurasiana, la cultura rusa está íntimamente ligada a la Iglesia ortodoxa.

Siguiendo a los eslavófilos, hablaban de *sobornost'*, una unión colectiva en la fe y el sometimiento de lo secular al poder de la iglesia. El «éxodo hacia Oriente» que los eurasianos predecían y propugnaban respondía, pues, no solo a factores geopolíticos, sino también, en igual medida, a la Providencia divina.

La idea de *sobornost'* era fundamental para los eurasianos, pero estos designaban el mismo fenómeno con otra palabra: *sinfonía*. El significado clásico de «sinfonía» —un término que tiene sus raíces en Bizancio— alude a la armonía, el unísono, que es la relación ideal entre la Iglesia y el Estado. Para los eurasianos, la relación entre Estado/sociedad e individuo y de los propios individuos entre sí era «sinfónica». El individuo solo llega a ser una persona en conexión con la totalidad del grupo. Esto puede aplicarse a la familia, el Estado, la clase, el pueblo, unidades todas que conforman una «personalidad colectiva». El pueblo ruso es «sinfónico» por naturaleza. Esta concepción de la personalidad es diametralmente opuesta a la occidental, donde, según los eurasianos, el individuo es visto como «un átomo social autosuficiente».

Para los eurasianos, el individualismo occidental es inaceptable porque conduce a la competición y a un debilitamiento de la sociedad y el Estado. La libertad individual no puede ejercerse a expensas de la colectividad. El sometimiento a la «personalidad sinfónica colectiva» es un prerrequisito para que la colectividad funcione. De este modo, los intereses del individuo y la colectividad (sociedad/Estado) coinciden. Esta idea ya había sido formulada en la década de 1890 por Vladímir Soloviov: «La sociedad es una personalidad agrandada y expandida, y la personalidad es una sociedad comprimida y concentrada». Era en la Iglesia donde el desarrollo de la personalidad sinfónica alcanzaba su perfección.

El Estado ideal para los eurasianos era abiertamente ideocrático, esto es, sustentado en una ideología. La Iglesia ortodoxa portaba la 'idea de gobierno' (*ideja-pravitel'nitsa*) del Estado, lo cual constituye un reflejo de los valores espirituales fundamentales que han caracterizado a Rusia a lo largo de la historia. Ello nos remite a las palabras de Dostoyevski: «Todo el sentido de Rusia está en la ortodoxia». En una ideocracia ideal, el Estado y la Iglesia se encuentran en unísono sinfónico y las autoridades, en contacto orgánico y sinfónico con el pueblo. La clase dirigente del Estado está formada por una élite del pueblo y, por tanto, refleja automáticamente los ideales de este. (¡Obsérvese aquí una variante del concepto de *narodnost'*, de la famosa tríada de Uvárov!).

Un Estado ideocrático guarda diferencias fundamentales con un Estado democrático; el segundo es resultado de la competición política y elecciones libres, pero un Estado semejante carece de convicciones y solo refleja el resultado de la elección; no gobierna activamente, sino que, por el contrario, trata de no interferir en la vida de la gente. Un Estado ideocrático, por otra parte, se basa en fuertes convicciones ideológicas y, por ello, organiza y controla activamente todos los aspectos de la vida de las personas.

La clase dirigente es una élite surgida del pueblo. Esto le da legitimidad y el derecho a actuar, en caso de necesidad, contra el pueblo, que cae fácilmente en acciones espontáneas y destructivas. Para garantizar la pureza ideológica de los cuadros oficiales, se mantiene una disciplina férrea.

La voluntad de la gente se expresa orgánicamente y se ve materializada en personas fuertes, en una minoría fuerte y unida [...]. La minoría «dirigente» expresa de forma orgánica e irrevocable la voluntad genuina pero subconsciente del pueblo, la encarna y la realiza, la obliga a amoldarse a una idea uniforme.

En otras palabras, el Estado ideocrático eurasiano no solo recordaba estructuralmente a la Rusia zarista, sino también al Estado que quería combatir: el Estado comunista soviético, liderado por el partido de la élite bolchevique, que inculcaba su «idea de gobierno» a la población con una convicción fanática y, cuando era necesario, por la fuerza. Los eurasianos eran conscientes de ello, y no trataban de ocultarlo. Para explicar estas semejanzas, diferenciaban entre comunismo y bolchevismo. El comunismo era un fenómeno ateo y occidental, una aberración, mientras que el Estado bolchevique, tras la reconquista de los territorios perdidos al comienzo de la guerra civil, era percibido como una continuación del antiguo Imperio ruso. ¡Los bolcheviques solo eran peligrosos en la medida en que eran comunistas! Cuando, en la segunda mitad de los años veinte, Stalin comenzó a enfatizar las raíces nacionales del bolchevismo a expensas de su identidad internacional, algunos de los eurasianos de izquierdas decidieron apoyar sus políticas y renunciar a las exigencias de acabar con el régimen soviético. Las esperanzas de influir en el desarrollo de la Unión Soviética, sin embargo, resultaron infructuosas. En su lugar, el movimiento eurasiano se vio infiltrado por los servicios de seguridad soviéticos, que se sirvieron de la ingenuidad política de sus miembros para sus propios fines.

Nikolái Trubetskói era ante todo un académico y tenía menos interés en implementar políticamente las ideas eurasianas que algunos de sus colegas, como Savitski. La politización del movimiento acabó por llevarlo a separarse del mismo. Los motivos eran tanto ideológicos como profesionales. A finales de los años veinte, renegó de su antiguo compromiso con el eurasianismo, que ahora le parecía propio de un aficionado. Declaró que «las generalizaciones excesivas y en su mayor parte precipitadas que tan típicas son del eurasianismo y, sobre todo, de mis propios escritos sobre el tema» le resultaban repugnantes. Se arrepintió de su ataque contra la cultura europea y dijo estar convencido de que la Unión Soviética no era la sociedad ideal que algunos eurasianos decían que era. «Hicimos un trabajo de diagnóstico excelente; como profetas no se nos dio mal, pero como ideólogos fuimos pésimos», escribió.

> Previmos el surgimiento de una nueva cultura eurasiana. Ahora, esta cultura existe realmente, pero resulta que es una auténtica pesadilla que nos llena de horror, y lo que nos llena de horror es precisamente su desprecio por las tradiciones de la cultura europea

En este proceso de autorreflexión acerca de su ideología, llegó a la conclusión de que el eurasianismo le había impedido llegar a realizar su verdadero talento y lo había llevado a «no convertirse en quien podría haber sido». En esto, sin embargo, demostró equivocarse. Durante los diez años restantes de su vida, ciertamente se convirtió en «quien podría haber sido»: en uno de los lingüistas más importantes del mundo. Junto con Roman Jakobson, sentó los cimientos de la lingüística estructural y el estructuralismo en los estudios literarios.

En la práctica, la deserción de Trubetskói supuso el fin del movimiento eurasiano, aun cuando este sobrevivió hasta la Segunda Guerra Mundial. Oponentes y antiguos simpatizantes acusaron los puntos débiles de la ideología eurasiana. ¿Cómo podía dársele un estatus tan especial a la fe ortodoxa en un Estado de carácter marcadamente multinacional que, además de cristianos, incluía a musulmanes, budistas y gentes de otras religiones? ¿No era el «Estado ideocrático», regido por una «idea de gobierno», un reflejo directo del Estado unipartidista soviético y de su ideología dominante, el marxismo-leninismo? ¿Y no conduciría el sometimiento del Estado a esta idea —la de la fe ortodoxa— a la erosión de la propia religión y a transformarla en un instrumento para una política imperialista eurasiana?

Para Nikolái Berdiáyev, que en un principio simpatizó con el movimiento, pero que se fue distanciando de él gradualmente, el eurasianismo tenía un mérito innegable: fue la primera idea filosófica importante en surgir después de 1917. Pero ¿dónde radicaba su importancia? Incluso durante la fase más activa del eurasianismo en los años veinte, sus seguidores no eran más que un pequeño grupo, aunque fuertemente comprometido, dentro de la diáspora intelectual rusa. En la Unión Soviética, sus publicaciones estaban prohibidas y su influencia fue, por tanto, inexistente.

Veintiuno

En 1985, Mijaíl Gorbachov fue elegido secretario general del Partido Comunista soviético. Su nombramiento marcó el principio del fin del Estado formado en 1922: la Unión Soviética. Bajo el liderazgo de Gorbachov, tras un período de cautela inicial, la transición ideológica hacia una relajación de los dogmas marxistas y un acercamiento a Europa y a los valores europeos se puso en marcha con intensidad creciente. «Somos europeos», declaró en 1988, el año que Rusia celebraba el aniversario de los mil años desde la cristianización del país —una celebración que habría sido impensable con cualquiera de sus predecesores—. «La antigua Rusia estaba unida a Europa por el cristianismo —explicó—. La historia de Rusia es una parte orgánica de la gran historia de Europa».

En sus esfuerzos por poner fin a las tensiones con Europa, Gorbachov aludió a «un hogar europeo común», en el que dos sistemas políticos, el capitalista y el socialista, podrían coexistir pacíficamente bajo un mismo techo. El hecho de que la Unión Soviética y Occidente tuvieran ideologías diferentes no tenía por qué ser motivo de confrontación, especialmente ahora que el sistema soviético empezaba a experimentar reformas bajo el mandato de Gorbachov. Se hicieron significativos progresos hacia el «liberalismo», principalmente en el ámbito de la cultura y los medios de comunicación. Se abolió la censura y se permitió la publicación de literatura hasta entonces prohibida, y los periódicos y la televisión comenzaron a expresar opiniones que ponían en cuestión los antiguos dogmas. El trabajo de reforma se llevó a cabo bajo los eslóganes de *perestroika* (literalmente, 'reconstrucción') y *glasnost* ('apertura', 'transparencia'), este último tomado de un período de reformas anterior, bajo el reinado de Alejandro II.

En el ámbito económico y político, las reformas avanzaron mucho más despacio, aunque la mayoría de los economistas soviéticos (y algunos políticos) tenía claro que era necesario transformar radicalmente el sistema: la economía soviética llevaba mucho tiempo en decadencia, y la tecnología y la ciencia se estaban quedando atrás respecto a los países capitalistas.

Se debatieron diversos modelos económicos, desde la Nueva Política Económica de los años veinte hasta las variantes yugoslava y escandinava del «capitalismo de la tercera vía». Sin embargo, estos debates no llevaron a ninguna conclusión definitiva. Estaba, por una parte, la inercia del sistema; por otra, en ciertos círculos influyentes todavía imperaba la convicción de la superioridad del comunismo sobre un sistema social que, según el ideario marxista, era visto como algo del pasado. Con todo, el principal motivo de que no se llegase a una solución fue otro: cambiar radicalmente el sistema económico habría supuesto una amenaza directa al Estado unipartidista, al poder del Partido Comunista y a los privilegios de la élite.

Se trata del mismo patrón que reconocemos en otros momentos de la historia de Rusia: el Estado contraataca cuando ve que peligran sus cimientos. Así sucedió con Catalina la Grande y sus sucesores más próximos al trono; así sucedió con Nicolás II, cuya reticencia a reformar la sociedad rusa condujo a la caída del zarismo. Del mismo modo, la indecisión de las autoridades soviéticas llevó al colapso del sistema tan solo unos años después.

Cuando la Unión Soviética se disolvió en diciembre de 1991, llegó a su fin el conflicto ideológico entre Rusia y Occidente, entre socialismo y capitalismo. El país abrazó la vía capitalista, que automáticamente supuso un acercamiento a Occidente y a los valores occidentales. Tras décadas de dictadura política, falta de libertad y economía planificada, el país tenía que empezar de cero. La situación recordaba poderosamente a la de principios del siglo XVIII y a las reformas de Pedro el Grande.

Veintidós

El colapso de la Unión Soviética conllevó una reducción de la superficie del Imperio aun más dramática que la que este había sufrido después de 1917. No solo se separaron los Estados vasallos de Europa del Este, sino que, además, las repúblicas soviéticas se convirtieron en Estados independientes. La república más grande se convirtió en la heredera del Imperio soviético con el nombre de Federación Rusa. Como había sucedido tras la caída de los zares y el Imperio ruso, la disolución de la Unión Soviética despertó en la *intelligentsia* rusa una profunda necesidad de comprender los procesos históricos.

Los cambios geopolíticos resultantes de la desaparición del Estado soviético dieron lugar a la «Rusia de Weimar», un país que carecía de base ideológica, de una ideología dominante: el proyecto comunista había colapsado y hacía mucho tiempo que el marxismo-leninismo había perdido su atractivo para la población. ¿Qué ideología podía ocupar su lugar en la nueva sociedad postsoviética?

Durante los primeros años posteriores a la caída del comunismo, el eslogan fue la «desideologización». La palabra está entrecomillada porque, en realidad, los nuevos gobernantes orientaron el país hacia una nueva ideología, el liberalismo, el cual, se decía, constituía la única salida a la crisis económica, ideológica y política del país. Quienes llevaban la batuta ideológicamente eran los «europeos», pensadores y economistas liberales, y la «europeización» de Rusia parecía casi inevitable. Teniendo en cuenta que durante la era soviética las ideas liberales nunca habían sido expresadas con libertad públicamente, es remarcable lo rápido que llegaron a dominar el discurso intelectual.

El principal ideólogo fue el economista Yegor Gaidar, que desempeñó varios cargos importantes en el gobierno durante el primer año de Boris Yeltsin como presidente de Rusia, entre ellos, los de ministro de Finanzas y vicepresidente. Gaidar y sus colegas propugnaban un liberalismo clásico en economía y política, y manifestaban una fuerte oposición al Estado, especialmente al Estado ruso/soviético histórico, que a su juicio representaba la cara asiática de Rusia. Si Rusia quería desarrollarse, su única alternativa real era acercarse a Occidente y adoptar el modelo económico y político occidental, introducir la economía de mercado y el sistema parlamentario. Según Gaidar, el Estado ruso debía «cambiar su orientación social y económica y, en verdad, su orientación histórica al completo y convertirse en una república de tipo 'occidental'».

Más allá de cuál pudiera ser la transformación de Rusia en una república «de tipo occidental», los obstáculos eran casi insuperables.

¿Cómo podemos convertirnos en parte de Europa en el curso de tres planes quinquenales? —preguntaba un joven periodista—: ¿Cómo podemos cubrir el camino que Europa ha recorrido en 500 años? La respuesta es obvia: es imposible. Si la conciencia liberal no consiguió arraigar en el siglo XIX, ¿cómo va a hacerlo en la actualidad? Y si no hay una conciencia liberal, ¿puede haber instituciones liberales?

Tenía razón. Al igual que en épocas anteriores, el «europeísmo» recibió escaso apoyo de la población e incluso por parte de una mayoría de la élite política. Hay muchas explicaciones históricas para ello, de las cuales la más importante es la ausencia en Rusia de una clase media. Otro motivo es la falta de interés o, en el peor de los casos, el desprecio que los «europeos» han manifestado a lo largo de la historia por las cuestiones que importaban a las fuerzas no liberales de la sociedad y al pueblo ruso: las cuestiones relativas a la identidad nacional de Rusia y los rusos. Aleksandr Herzen ya había advertido de esta lacra ciento cincuenta años antes: mientras los «europeos» siguieran pasando por alto estas cuestiones, seguirían aislados del pueblo ruso.

Así pues, no pasó mucho tiempo antes de que los «europeos», igual que en el siglo XIX, toparan con la oposición de fuerzas que reivindicaban la identidad histórica de Rusia y rechazaban la fe ciega en la civilización occidental y sus bondades. Los exabruptos contra los liberales rusos fueron en su mayor parte muy agresivos. Uno de los participantes más moderados en el debate fue Aleksandr Solzhenitsyn, quien planteó su visión de una sociedad rusa postsoviética en su panfleto *Cómo reorganizar Rusia*.

La hoja de ruta que Solzhenitsyn proponía para el futuro de Rusia se nos presenta a la vez moderada y constructiva. Según él, no era posible introducir una democracia al estilo occidental inmediatamente después del horrible experimento comunista. Los ciudadanos simplemente no estaban preparados, ya que no existía la clase de sociedad civil que sustenta una democracia semejante. Según Solzhenitsyn, la historia nos enseña que introducir libertad política de forma demasiado precipitada en un país que no está preparado para ello conduce al desastre, como sucedió en Francia en 1789 y en Rusia tras la Revolución de Febrero de 1917. También la democracia occidental tenía sus propias debilidades intrínsecas. Aludiendo a John Stuart Mill y a Alexis de Tocqueville, consideraba que la democracia conlleva el riesgo de desembocar en un triunfo de la mediocridad, la «tiranía de la mayoría». Con todo, sí creía que Rusia debía convertirse en una democracia, pero esta democracia tendría que ser distinta de la occidental. Así pues, propuso que por el momento las elecciones directas se implementasen únicamente a nivel local y que solo más adelante, a medida que se fuera consolidando la sociedad civil, se permitieran en niveles administrativos más altos.

A pesar del estatus de que disfrutaba Solzhenitsyn en esos años, el panfleto no tuvo ninguna relevancia a efectos prácticos. Cuando no fue ignorado, lo recibieron duras críticas. Los liberales lo acusaron de antidemocrático, y a la élite política le asustaba la idea de que Rusia debiera concederles la libertad a todas sus repúblicas excepto a las «rusas», esto es, Rusia, Bielorrusia y Ucrania. La propuesta de liberar a la Iglesia del «yugo del Estado» tampoco fue bien recibida. Su idea de las repúblicas independientes se vio realizada al año siguiente, les gustase o no a las autoridades, pero no así la propuesta de que el Estado cediese el control sobre la Iglesia. Sencillamente, iba en contra de la «idea rusa» de que Iglesia y Estado debían estar unidos en *sinfonía*.

Durante estos años, la oposición a la preponderancia de las ideas liberales, además de ser ideológica y teórica, se manifestó en formas tangibles. En octubre de 1993, el Sóviet Supremo —cuyos miembros se mostraban sumamente críticos hacia las reformas de Gaidar— trató de deponer al presidente Yeltsin que, alegaban, había excedido sus poderes constitucionales. El levantamiento fue aplastado por la fuerza, pero en las elecciones de la Duma dos meses más tarde las fuerzas antioccidentales subieron considerablemente. A partir de este momento, se invirtió el equilibrio de poder entre liberales y patriotas, entre «europeos» y «eslavófilos». Para permanecer en el poder, Yeltsin se vio obligado a adaptar sus políticas al nuevo clima ideológico del país. Entre otras cosas, revitalizó la Comunidad de Estados Independientes, creada en 1991 y compuesta por la Federación Rusa, Ucrania y Bielorrusia, y adoptó varias medidas simbólicas de carácter patriótico. Entre otras cosas, hizo reconstruir la Catedral de la Salvación de Moscú, que había sido bombardeada en 1931 y sustituida por una piscina durante la era de Jruschov.

«Una democracia civilizada nunca ha tenido una verdadera oportunidad en este país», había declarado la prominente politóloga liberal Lily Shevtsova un año antes del colapso de la Unión Soviética. Tampoco la tuvo en esta ocasión. El período «europeo» duró menos de tres años, desde el nacimiento de la nueva Rusia en 1991 hasta las elecciones a la Duma de 1993. Por otra parte, fue un período único en cuanto que, durante estos años, la postura liberal, «europea», de Occidente fue también la del Estado.

Veintitrés

Los «liberales» no eran los únicos que querían llenar el vacío ideológico surgido durante los últimos años de la Unión Soviética. Se les opusieron nacionalistas de diversas clases. En un principio, el movimiento más destacado fue *Pamiat'* (Memoria), fundado en la temprana fecha de 1979 con el fin legítimo de proteger monumentos arquitectónicos. Durante la *perestroika*, no obstante, Pamiat' evolucionó hasta convertirse en una organización criptofascista y abiertamente antisemita, cuyos miembros vestían uniformes que remitían a las Centurias Negras, un grupo nacionalista extremista que llevó a cabo sangrientos pogromos contra la población judía del país durante la era zarista.

Pamiat' no surgió de la nada. A finales de la década de los sesenta, los ideales nacionales de Rusia eran ensalzados en libros y debatidos en revistas literarias con una retórica que recordaba a las ideas eslavófilas. La Rusia rural se presentaba en términos nostálgicos, y había incluso una crítica cautelosa a la influencia negativa de la ganadería colectiva sobre la cultura campesina. En la misma línea, se criticaba también el mal hábito de cambiar los nombres de ciudades y calles por los de revolucionarios y otros «progresistas». Según el novelista Vladímir Souloukhin —uno de los más destacados representantes del nuevo patriotismo ruso—, había que reintroducir todos los nombres históricos, cuanto antes mejor. Junto con otros escritores, llegó hasta el punto de criticar la extendida demolición de iglesias, que había comenzado en los años veinte y se reanudó durante la era de Jruschov.

El centro neurálgico de la ideología del nacionalismo neopatriótico era la revista literaria *Molodaya gvardiya*, un órgano dependiente de la organización juvenil del Partido Comunista, el Komsomol. La revista reunió a su alrededor a un grupo de personas que apoyaban abiertamente la ideología de los eslavófilos, tanto por su visión de Occidente como por su ensalzamiento de la singularidad de Rusia:

> [...] es en el corazón de Rusia donde puede hallarse la santa llave, la fuente que, de forma imperceptible pero incesante, hace brotar una corriente cristalina y resplandeciente de ideas y emociones que tan necesarias resultan en el siglo XX, con Occidente asfixiado por su falta de vitalidad, su odio sin límites, su racionalismo pequeñoburgués, su culto a la masa, su terror ante una opinión pública inmoral, educada por una prensa comprada.

Los ecos decimonónicos son evidentes; el texto podría haber sido escrito por uno de los hermanos Aksakov o, si se quiere, por Dostoyevski. Otro parecido histórico es que el razonamiento, al igual que entonces, encontró una fuerte oposición por parte del bando «liberal» del país, que en los años sesenta se reunía en torno a la revista literaria *Novyi mir*. El debate se prolongó durante varios años. Que tal debate se permitiese siquiera es un hecho que atestigua la fuerza con que soplaban los nuevos vientos de cambio.

Pamiat' fue el primer movimiento político ajeno al Partido Comunista en toda la historia de la Unión Soviética, y la manifestación que organizó en la Plaza Roja en mayo de 1987 fue la primera manifestación pública en la historia soviética que se llevó a cabo sin autorización estatal. Pero ¿fue realmente sin autorización estatal? Tenemos sólidos indicios de que Pamiat' contaba con la protección de círculos nacionalistas dentro del Partido Comunista y de la KGB, que aspiraba a infiltrarse en el movimiento para controlarlo desde dentro. No obstante, las dinámicas de la sociedad hicieron que la KGB pronto perdiera el control que ejercía sobre Pamiat', lo que derivó en la aparición de movimientos nuevos e incluso más extremos. «Fue, por tanto, la KGB la que provocó la aparición del fascismo ruso», como afirmó Aleksandr Yakovlev, el principal ideólogo de la *perestroika*.

Veinticuatro

Entre los movimientos nacionalistas que compitieron con los «europeos» para hacerse un hueco en el panorama ideológico, hubo uno que no tardó en sobresalir: el eurasianismo. La Federación Rusa era considerablemente más pequeña que la Unión Soviética con sus quince repúblicas, pero aun así comprendía la mayor parte del territorio que los eurasianos habían definido como Eurasia en los años veinte. En estudios literarios existe el concepto de los «clásicos latentes», libros poco conocidos en vida del autor pero que son descubiertos por generaciones posteriores, u obras que han caído en el olvido y son redescubiertas. El eurasianismo resultó ser uno de estos clásicos latentes. Su despertar fue tan abrupto como profundo había sido el sueño en el que había permanecido durante medio siglo.

Al igual que otras ideas nacionalistas, el eurasianismo contaba con defensores entre la élite política y los servicios de seguridad aun antes de la *perestroika*. Pero no fue hasta la época de Gorbachov que esta ideología comenzó a ganar terreno entre la élite social: en el departamento internacional del Partido Comunista, la plana mayor del ejército y el Ministerio de Asuntos Exteriores, así como en la Academia de las Ciencias.

El honor de haber rehabilitado y popularizado la ideología eurasiana clásica le corresponde al historiador y antropólogo Lev Gumilev (1912-1992), un apellido con un prestigio en la historia de la literatura rusa equiparable al del príncipe Trubetskói en la de la aristocracia. Era hijo de dos de los poetas más importantes de la Edad de Plata rusa, Ana Ajmátova y Nikolái Gumilev, ambos mártires de la era soviética: su madre no pudo publicar sus poemas y vivió en «emigración interna» hasta su muerte en 1966, y su padre fue ejecutado por los bolcheviques en una fecha tan temprana como 1921, acusado falsamente de participar en una conspiración monárquica. Lev fue arrestado cuatro veces y pasó doce años en campos de trabajo.

Gumilev, especialista en la historia de los pueblos de las estepas de Asia, no pudo publicar sus libros hasta la época de la *perestroika,* ya cerca del final de su vida. Esto fue en parte debido a su historia familiar, pero principalmente a causa de lo controvertido de su teoría de la historia. Contó, no obstante, con protección de altos cargos a través de la figura de Anatoli Lukiánov, presidente del Comité Central del Partido Comunista y del Sóviet Supremo. Lukiánov era un gran admirador de Ana Ajmátova y él mismo escribía poesía bajo seudónimo. Ayudó a Gumilev a defender su controvertida tesis doctoral y se aseguró de que los libros *Etnogénesis y la biosfera de la Tierra* (que desarrollaba su trabajo de doctorado) y *La antigua Rus y la Gran Estepa* (no traducidos al castellano) fueran publicados en 1989, en ediciones de no menos de 50.000 ejemplares cada una.

La etnogénesis es el estudio de cómo nace un *etnos* (o *ethnos*). Según Gumilev, la fuerza vital de un pueblo está determinada por fuerzas del espacio exterior, por una energía cósmica que afecta a la biomasa y la transforma en una nación o etnos. Esta fase histórica se caracteriza por una peculiar actividad económica y militar del etnos, que conquista territorios, establece Estados, impone su dominio sobre esa área geográfica y lleva a cabo grandes avances científicos, tecnológicos y de diversa índole.

Este momento en la historia de un pueblo se caracteriza por lo que Gumilev llama *passionarnost'*, 'apasionamiento', un término de difícil traducción que denota una capacidad subconsciente para llevar a cabo esfuerzos y sacrificios excepcionales, fruto de una abundancia de energía bioquímica. Las connotaciones de la palabra —que se remonta al latín *passio*, 'sufrimiento'— aluden claramente al sufrimiento de Cristo, a la «Semana de Pasión». Esta capacidad puede manifestarse tanto en un etnos como en un individuo o en un grupo de individuos. Fueron individuos «apasionados», por ejemplo, Aníbal, Alejandro Magno, Napoleón y Juana de Arco. Tales individuos se caracterizan por perseguir fanáticamente un objetivo específico y por una concentración duradera de la energía —un «apasionamiento») que coincide con el apasionamiento del etnos del individuo.

Las incursiones de Gumilev hacia el espacio exterior reflejan la predilección rusa por el pensamiento esotérico y fueron criticadas de inmediato por científicos serios, que tacharon a Gumilev de ser un charlatán seudocientífico y un creador de fantasías cuyo trabajo pertenecía a la ficción y no a la ciencia. Pese a las críticas, tuvo una enorme influencia. Uno de los motivos de su éxito fue que sus teorías respondían a una necesidad, presente desde hacía tiempo, de modelos alternativos mediante los que explicar la historia en el contexto del vacío posmarxista; otro fue el modo en que Gumilev aplicó la teoría de la etnogénesis a la historia rusa.

En la línea de Trubetskói y Savitski, Gumilev veía en la región interior de Asia, Eurasia, un ejemplo particularmente bueno del surgimiento de un etnos, de etnogénesis. En el curso de 2000 años, esta extensa región fue conquistada y dominada primero por tribus asiáticas —los hunos de Atila, los mongoles de Gengis Kan, los pueblos turcos de Tamerlán— y después por los zares rusos, que expulsaron a esas tribus y expandieron el territorio ruso hacia el este. Según Gumilev, bajo determinadas circunstancias, dos o más etnos geográficamente próximos pueden unirse para formar un «superetnos». Un ejemplo fue el superetnos de la «Gran Rusia», surgido a finales del siglo XV, que se componía de rusos, bielorrusos, ucranianos y pueblos turcomongoles, que fueron incorporados gradualmente al Imperio ruso. Por ello, según Gumilev, los rusos no procedían de la cultura europea, sino de pueblos esteparios de Asia. En su teoría se aprecia claramente el eco de la interpretación positiva de Trubetskói de la influencia mongola en la historia rusa.

Según Gumilev, cada etnos tiene una vida media de 1200 años, lo que significa que el superetnos de la Gran Rusia, que solo tiene 500, se encuentra aproximadamente a la mitad de su existencia histórica. La civilización germano-romance también es un superetnos y no se compone, como a veces se ha afirmado erróneamente, de pueblos distintos. Este superetnos, no obstante, se encuentra al final de su trayectoria histórica y solo puede salvarse mediante una inyección de energía de un etnos más joven, como el de la Gran Rusia. Vemos aquí una clara influencia de la teoría de Danilevski sobre los tipos de civilización (si bien este nunca se atrevió a ponerles fecha de caducidad).

El «apasionamiento», el «superetnos» y otros conceptos inventados por Gumilev podrán ser producto de una imaginación seudocientífica, pero respondían a la búsqueda de una idea universal y capaz de explicarlo todo con la que se pudiera reemplazar esa otra idea con la que el pueblo soviético había vivido durante setenta años y que había resultado ser una quimera. Gumilev representaba, además, una postura antioccidental, elitista y antidemocrática que atraía a muchas personas, especialmente, a la élite política, que veía en ella una legitimación de su propio poder. Sus teorías tuvieron un impacto excepcional, especialmente a través de los muchos programas de televisión en los que participó en los años previos a su muerte en 1992. Desde entonces, sus libros se han publicado en enormes tiradas y la Universidad Nacional Eurasiana de la capital kazaja de Nur-Sultán ha sido nombrada en su honor. Ideas filosóficas que hace treinta años en el mejor de los casos eran consideradas excéntricas se han vuelto populares en la Rusia actual.

Veinticinco

Tras la confrontación con la Duma en el otoño de 1993, Boris Yeltsin, que tenía un buen instinto político, se dio cuenta de que iba a necesitar la energía de una ideología nueva si quería que el pueblo apoyara su programa reformista. En su discurso al Consejo de la Federación algunos meses más tarde, advirtió del «vacío ideológico» que había aparecido con la caída del comunismo. Su discurso se titulaba «Sobre el fortalecimiento del Estado ruso». En junio de 1996, Yeltsin fue reelegido presidente de la Federación Rusa, y un mes más tarde comunicó a sus colaboradores más cercanos el encargo de dilucidar «cuál es la idea nacional, la ideología nacional, más importante para Rusia». Este llamamiento fue una reacción a la necesidad, que venía arrastrándose desde hacía tiempo, de un nuevo ideal de sociedad. Estaba, pues, en el espíritu de los tiempos. Pero no estaba en línea con la Constitución que el propio presidente había promovido tres años antes y que afirmaba que en la Federación Rusa «ninguna ideología podrá recibir el estatus de estatal u obligatoria».

El llamamiento de Yeltsin fue recibido al mismo tiempo con aprobación y fuertes críticas. Recuerdo cómo el periodista ruso de tendencia liberal Arkadi Vaksberg resopló ante la idea —que él sentía como liberadora la ausencia de una ideología nacional tras setenta años de marxismo-leninismo forzoso—. Pero la búsqueda de una identidad nacional, del sentido de la existencia histórica (y la posible misión) del país es, como hemos visto, un tema recurrente en la historia rusa. La noción de Moscú como «Tercera Roma», la «Ortodoxia, Autocracia, Pueblo» de Nicolás I, la *sobornost'* de Jomiakov, la idea mesiánica de Rusia como centro de la revolución mundial, etc., son algunas de las manifestaciones de esta búsqueda identitaria.

Cuando surgió la noción de una «idea nacional» como tal a mediados del siglo XIX, esta fue denominada, como hemos visto, «la idea rusa». Un rasgo común a todas las «ideas rusas» es que nunca tienen existencia independiente, sino que siempre son formuladas en referencia a un mundo exterior, a Occidente. Otra característica importante de la búsqueda identitaria de Rusia es que no otorga al individuo un papel central, como sucede en los países occidentales (por ejemplo, en la Declaración de Independencia de los Estados Unidos, con su búsqueda de la felicidad individual). En su lugar, este papel central lo ocupa una colectividad de carácter más bien místico que, además, no está definida en términos territoriales, sino espirituales: «el mundo ruso» no está determinado por fronteras nacionales, sino por la lengua, la cultura, la afiliación religiosa; es un mundo que abarca a todos los rusos, inclusive a aquellos que viven fuera de las fronteras del país.

«En la historia rusa, la idea nacional pasa a un primer plano cuando el país se ve expuesto a amenazas externas o amenazado como civilización», dice un historiador de las ideas ruso, subrayando que, en estos casos, la idea nacional «desempeña un papel integrador y movilizador [...] y actúa como una potencialidad de civilización oculta»[4]. Tal era la situación de Rusia a mediados de los noventa. En su discurso al Consejo de la Federación, Yeltsin afirmó que lo que estaba en juego no era nada menos que la existencia de la nación. No exageraba. La economía planificada del comunismo no había sido sustituida por una economía de mercado funcional, regiones enteras amenazaban con separarse de la Federación Rusa, las hambrunas amenazaban en diversos lugares y solo era posible evitarlas gracias a los envíos de socorro de Occidente. El pueblo ruso ya no asociaba sus expectativas de una vida mejor con reformas de naturaleza democrática. «Liberal» y «liberalismo» se habían convertido, como en tiempos de Alejandro II, en términos derogatorios.

4. I. B. Orlov, «Nacional'naja ideja v istorii mysli».

Veintiséis

Quienes habían recibido el encargo de Yeltsin de buscar una idea nacional no llegaron a proponer ninguna. En su lugar, el que dio con una respuesta fue Aleksandr Dugin, el nombre que se asocia por excelencia, junto con el de Gumilev, al renacer de la idea eurasiana en Rusia. Si Gumilev fue quien rescató del olvido el eurasianismo clásico, Dugin (nacido en 1962) lo elevó a un estatus de culto al proclamar a Trubetskói y Savitski los Marx y Engels del movimiento. Cuando el eurasianismo se convierta en la ideología del Estado ruso («cosa que pasará ciertamente tarde o temprano», según Dugin), el primer monumento que se erija será en honor de Trubetskói. Dugin también amplió el marco ideológico para incluir teorías geopolíticas europeas, tanto clásicas como contemporáneas. Su libro *Fundamentos de Geopolítica*, publicado en 1997, al año siguiente de que Yeltsin solicitase una idea nacional, ha tenido un impacto mayor en el desarrollo ideológico de

Rusia que ninguna otra publicación política posterior a la caída de la Unión Soviética.

La evolución ideológica y política de Aleksandr Dugin antes de la aportación por la que pasó a ser conocido refleja los cambios que tuvieron lugar en la sociedad soviética y rusa a lo largo de ese período. En torno a 1980 era un disidente precoz y carismático que frecuentaba los círculos *underground* interpretando poemas enconadamente antisoviéticos, mientras se acompañaba a sí mismo con la guitarra. Su odio hacia la sociedad soviética era tal que, según cuenta, llevó a su hijo de pequeño a escupir a una estatua de Lenin. En cierta ocasión, fue detenido por la KGB, que lo interrogó acerca de sus opiniones y actividades antisoviéticas. Al mismo tiempo, Dugin participó activamente en grupos secretos que se interesaban por el esoterismo, la simbología de los números, el misticismo cristiano y las ideas fascistas. Expuso sus pensamientos sobre estos temas en sus libros *El camino de lo absoluto* y *La metafísica del Evangelio* (no traducidos al castellano), publicados en 1989, el mismo año que las dos épicas de Gumilev. El hecho de que estos libros se imprimiesen en grandes tiradas (de 100.000 ejemplares cada una) indica que este autor joven y desconocido contaba, como Gumilev, con un alto grado de protección política.

El dinero que obtuvo con las ventas permitió a Dugin viajar a Europa occidental, donde conoció a varios representantes de la Nueva Derecha *(Nouvelle Droite),* entre ellos, el historiador francés Alain de Benoist y Jean-François Thiriart, un nacionalista extremista belga. Aunque quedó fascinado por los pensadores occidentales de derechas y sus obras, no se dejó impresionar por Europa y la civilización europea. Por el contrario, no tardó en darse cuenta de que «aquí no hay nada interesante, todo lo interesante está en Rusia; en Europa la historia ha terminado y en Rusia la historia está abierta». Una reacción que ya hemos visto antes.

De vuelta en Rusia, Dugin se dedicó a traducir las obras de filósofos de la derecha europea y a difundir sus ideas. No está claro si esta empresa evangelizante fue iniciativa de Dugin o si le vino por encargo de alguna otra autoridad (política o militar). En cualquier caso, las ideas que trajo consigo de Europa iban a revolucionar la política rusa de las décadas siguientes.

Del anticomunismo de su juventud, Dugin evolucionó hacia el nacionalismo. Durante la *perestroika* fue una de las figuras al frente de Pamiat' y a principios de los años noventa se acercó por algún tiempo al líder comunista Guennadi Ziugánov, a quien ayudó a formular su ideología postsoviética. En esta época, el nacionalismo romántico —la idea de que Rusia tenía un camino especial que seguir y una misión que cumplir— había cuajado en el Partido Comunista, antes internacionalista. Los títulos de dos libros de Ziugánov publicados en los años noventa hablan por sí solos: *Rusia, mi Madre Patria. La ideología del patriotismo de Estado y de la Fe y la fidelidad* y *La ortodoxia rusa y el renacer de Rusia* (no traducidos al castellano). Aquí, el líder comunista ensalzaba «el imperio como la forma que ha sido histórica y geopolíticamente más afín a Rusia» y acusaba a Occidente de «individualismo extremo, ateísmo militante, indiferencia religiosa, mentalidad y cultura de masas, desprecio por las tradiciones y ensalzamiento del principio de cantidad sobre el de calidad».

Otro aliado, más importante, de Dugin fue Aleksandr Projanov (nacido en 1938), un novelista con opiniones de un nacionalismo extremista. Projanov se había hecho un nombre como escritor en 1969, cuando la disputa fronteriza entre la Unión Soviética y China estuvo a punto de desembocar en guerra. Fue enviado como corresponsal de prensa a la zona de crisis del río Usuri, donde la visión de soldados soviéticos muertos y madres en duelo marcó un punto de inflexión en su ideología. En ese momento, según explicó más adelante, se dio cuenta de que «el Estado está por encima de todo». Fue entonces cuando empezó a convertirse en un 'estatista' (*gosudarstvennik*), esto es, en alguien que defiende la existencia de un Estado poderoso.

El informe gustó no solo a los lectores, sino también a los dirigentes del ejército soviético, que lo tomaron bajo su protección; durante las dos décadas siguientes, Projanov trabajó para el cuadro de dirigentes militares soviéticos y fue enviado en misiones a diversos puntos calientes del panorama internacional. Su novela *El árbol en el centro de Kabul* (1982) fue un gran éxito. «Escribí las páginas y capítulos como se pinta un fresco, con oficiales y soldados rusos en lugar de santos y ángeles», explicó. En 1985, Projanov fue elegido presidente de la Unión de Escritores Rusos. En este cargo, desde la tribuna del Congreso de Escritores Soviéticos dos años más tarde, atacó a los «liberales» rusos, quienes, al copiar a Occidente, «nos privan de nuestro camino independiente y generan complejos de inferioridad».

A través de su trabajo con la dirección militar, Projanov se convirtió en un nexo entre los círculos intelectuales y los nacionalistas del ejército y la KGB, que miraban cada vez con más preocupación la creciente influencia del liberalismo «europeo», especialmente en los medios de comunicación. En diciembre de 1990, Projanov fundó el periódico

El Día (*Den'*), con apoyo económico de la Unión de Escritores Soviéticos. El objetivo era hacer oposición al *Literaturnaya Gazeta*, un periódico considerado, con razón, refugio para intelectuales prooccidentales. Las páginas de *El Día* contenían una mezcla bizarra de nacionalismo, comunismo, estalinismo, nostalgia imperialista, xenofobia, ataques a Occidente y, por supuesto, un furioso antisemitismo. Durante el intento de golpe contra Mijaíl Gorbachov en agosto de 1991, el periódico apoyó a los golpistas.

Projanov era justo el hombre que Dugin necesitaba. Dugin pasó a colaborar con el periódico y se convirtió en miembro de su junta editorial. Mediante la intercesión de Projanov, Dugin también fue reclutado por la Academia Militar de la dirección del ejército ruso, que se había convertido en un bastión antiliberal en la lucha primero contra Gorbachov, y más tarde, contra Yeltsin. Allí obtuvo el puesto de profesor asociado, dio conferencias sobre geopolítica, eurasianismo y la Nueva Derecha y consiguió traer a Alain de Benoist como conferenciante invitado. En marzo de 1992, a los desmoralizados antiguos oficiales soviéticos, que unos meses antes habían perdido el Estado y el imperio que había sido su tarea defender, se les informó de que su problema era que ya no tenían un enemigo. Tras la caída de la Unión Soviética y el colapso del comunismo, evocaba Dugin, quedaron «completamente confundidos, no tenían ni idea de quién era el enemigo, necesitaban saber quién era el enemigo». De Benoist y Dugin se encargaron de decírselo.

Los oficiales de la Academia Militar ya estaban familiarizados con la Nueva Derecha a través de las conferencias de Dugin y Projanov, pero la visita de De Benoist a la Academia fue su primer contacto con un representante vivo de este movimiento. A lo largo de los años siguientes, Dugin impartió conferencias en la Academia regularmente y de Benoist, Thiriart y otros extremistas europeos de derechas visitaron Moscú en varias ocasiones para encontrarse con políticos y generales del ejército ruso. Entre los agradecidos oyentes estaba Vladímir Zhirinovski, el líder de los liberal-demócratas, un partido nacionalista que se formó en la primavera de 1991 como primer partido de oposición en la Unión Soviética.

Todo esto fue posible gracias a Aleksandr Dugin, quien, con la disolución de la Unión Soviética, había pasado de ser un disidente radical de derechas a convertirse en uno de los principales defensores de la idea rusa, con una considerable influencia sobre el pensamiento de los altos cargos del ejército y la clase política antiliberal en el poder. Esta evolución de Dugin se la debía principalmente a Aleksandr Projanov.

Veintisiete

En 1993, Dugin forjó otra alianza estratégica, esta vez con Eduard Limónov, poeta, novelista y provocador político y artístico. Durante las décadas de 1970 y 1980, Limónov vivió como emigrante en Estados Unidos y en Francia. En 1979, su novela autobiográfica *Soy yo, Edichka* obtuvo una controvertida notoriedad. En ella describe su vida bohemia en Nueva York en un lenguaje y con un contenido (que incluía una descripción detallada de actos homosexuales) que hizo imposible que el libro se publicara en Rusia hasta después de la caída de la Unión Soviética.

Lo que nos interesa en este contexto, sin embargo, no es el carácter abiertamente erótico del libro, sino su subtexto político. Edichka se mueve por los sectores más bajos y marginales de la sociedad, es un punki, se droga, vive de subsidios y se arrepiente de haber dejado atrás la Unión Soviética. Culpa a disidentes como Aleksandr Solzhenitsyn y el físico nuclear Andréi Sájarov de instigar a la gente como él contra el «mundo soviético»:

> Las críticas de la *intelligentsia* contra su país y su sistema fueron tan poderosas que ni siquiera los fuertes fuimos capaces de resistirnos, y nos marchamos. Pusimos rumbo al oeste en cuanto pudimos. Sin embargo, cuando nos dimos cuenta de cómo es la vida aquí, muchos, si no todos, quisimos volver, pero no pudimos.

El propio Limónov se afilió al Partido Trotskista de Trabajadores Estadounidenses y criticó la forma de vida occidental en la prensa rusa emigrada. Como les ocurrió a tantos otros rusos, Limónov volvió la espalda a la civilización occidental tras encontrarse con ella cara a cara.

En consecuencia, tras la caída del comunismo retornó a la Unión Soviética. Para entonces se había convertido en un patriota radical, y en 1993 viajó a Bosnia para tomar parte en la guerra del lado de los serbios. Para muchos nacionalistas rusos, la desintegración de Yugoslavia era una versión a menor escala de lo que había pasado en la Unión Soviética y, al igual que los paneslavistas, veían como propia la lucha de los serbios ortodoxos contra los bosnios, mayormente musulmanes. Un vídeo muestra a Limónov disparando una ametralladora en Sarajevo en presencia del líder serbobosnio Radovan Karadžić.

Durante el tiempo que pasó en la antigua Yugoslavia, donde se relacionó con extremistas del nacionalismo serbio, Limónov se radicalizó aun más y, en junio de 1993, Dugin y él formaron el Partido Nacional Bolchevique. En su origen, el partido era una especie de proyecto de provocación anarquista y vanguardista —el ámbito de la «provocación artística» no le era desconocido tampoco a Dugin—, cuyos miembros eran principalmente jóvenes compañeros de Limónov del movimiento artístico *underground*. Querían poner a prueba los límites de la libertad en la nueva Rusia, y lo hicieron propagando una ideología que sabían que resultaría chocante, una ideología que era «totalmente "de izquierdas" y totalmente "de derechas" al mismo tiempo». Según el programa del partido, el nacionalbolchevique es «un rebelde que considera su misión echar abajo el SISTEMA».

Al mismo tiempo, el programa del partido manifestaba una ideología clara. Según afirmaba, en el corazón del nacionalbolchevismo latía un «odio ardiente hacia el SISTEMA antihumano que hallaba expresión en la tríada liberalismo/democracia/capitalismo». De las cenizas de este sistema se alzaría «una sociedad jerárquica tradicionalista» basada en «la valentía de espíritu, la justicia social y nacional». El programa en política exterior era explícitamente imperialista: «El objetivo del nacionalbolchevismo a nivel global es crear un imperio desde Vladivostok hasta Gibraltar sustentado sobre la base de una civilización rusa».

Este proceso debía comenzar con la restauración del antiguo imperio soviético. El gran enemigo eran los Estados Unidos («el Gran Satán») y «los globalistas de Europa, unidos a través de la OTAN y las Naciones Unidas». Debían anularse todos los acuerdos con Occidente. En su lugar, Rusia debía volverse hacia el este, hacia China, Irán, India. Los «burócratas boyardos», «los nuevos rusos» y «la *intelligentsia* cosmopolita» —léase: los judíos— eran señalados como enemigos políticos dentro del país. El Estado nacionalbolchevique debía ser un Estado «total» y los derechos humanos debían estar subordinados a los intereses de la nación. «Dentro del país, se establecerá un riguroso orden social propiamente ruso, un clima de disciplina, combatividad y ética de trabajo».

En esta mezcolanza de ideas rojipardas, cabe destacar el programa cultural. Estaba diseñado a la medida del temperamento anarcolibertario de Limónov: «La cultura debe crecer como un árbol salvaje. No tenemos intención de podarlo. Libertad total. "¡Haced lo que queráis!" será la única ley»; el nacionalbolchevismo estaba «a favor del presente, de la modernización, de la vanguardia». En sintonía con los fundamentos ideológicos del nacionalbolchevismo, los autores se declararon al mismo tiempo «oponentes fanáticos» de la «agresión del globalismo» y de la influencia de los «valores occidentales», restricciones que implicaban una poda significativa del árbol silvestre; las contradicciones e inconsistencias, sin embargo, no eran algo que preocupase a los nacionalbolcheviques. Dugin se presentó a las elecciones a la Duma de 1995 como nacionalbolchevique, pero no obtuvo más que un puñado de votos. Dos años más tarde, rompió con Limónov.

Al igual que el neoeurasianismo de Gumilev y Dugin, el nacionalbolchevismo bebía de fuentes anteriores. Al mismo tiempo que Trubetskói y Savitski difundían sus ideas desde Sofía y Praga en los años veinte, otro filósofo ruso estaba desarrollando planteamientos similares en Harbin, China, adonde fueron a parar numerosos emigrantes rusos tras la revolución. Nikolái Ustrialov (1890-1937) era un abogado y pensador político; el hermano de su abuelo (que además era tocayo suyo) había sido un «nacionalista dinástico» e historiador oficial bajo el mandato de Nicolás I. Aunque Ustrialov se había visto exiliado de Rusia, pronto empezó a ver en el bolchevismo la única fuerza política capaz de restablecer el Imperio ruso tras su colapso. Rusia debía ser un Estado fuerte y los bolcheviques, según Ustrialov, no eran comunistas, sino los constructores de un imperio ruso; eran como rábanos, ¡rojos por fuera pero blancos por dentro!

Así pues, para preservar la unidad y la fuerza del Estado ruso, había que aceptar la revolución bolchevique y sus consecuencias. Este era el mensaje de la antología *Nuevos hitos (Smena vekh)*, que se publicó en Praga en 1921 e incluía a Ustrialov entre sus colaboradores. El libro tuvo un gran impacto e hizo que varios emigrantes rusos tomaran la decisión de volver a casa, en muchos casos, con consecuencias fatales. Uno de ellos fue el propio Ustrialov, que fue ejecutado en Moscú en 1937, acusado de los pecados habituales: «espionaje, actividad contrarrevolucionaria y propaganda antisoviética».

Veintiocho

Aunque no es este el lugar para explayarnos sobre la génesis de las teorías de Dugin, diremos que uno de sus precursores fue el politólogo y político sueco Rudolf Kjellén (1864-1922), que inventó el concepto de «geopolítica». Más importantes aun fueron algunos estudiosos de la geopolítica y filósofos del Derecho Constitucional como Karl Haushofer y Carl Schmitt, alemanes de orientación conservadora y antiliberal cuyas teorías estaban próximas al nazismo, el cual, hasta cierto punto, inspiraron. Otra fuente de inspiración importante fue Halford Mackinder (1861-1947), un geógrafo inglés a quien, a pesar de su hostilidad hacia Rusia, Dugin atribuye un estatus tan elevado en el panteón de la geopolítica como a Trubetskói y Savitski en el del eurasianismo.

Mackinder es el autor de la llamada «teoría *Heartland*», que formula de la siguiente manera: «Quien gobierna Europa del este controla el Heartland; quien gobierna el *Heartland* controla la Isla Mundial; quien gobierna la Isla Mundial controla el mundo». Según Mackinder, el Estado que tiene una localización geográfica central, que está situado en el medio, tiene la posición más ventajosa. El centro del mundo lo conforma el continente eurasiano, en el centro del cual se sitúa la masa terrestre de Eurasia: el *Heartland* del mundo. Es la parte más importante de la Isla Mundial, que consta de tres continentes: Asia, África y Europa. Mackinder ilustra esto con ayuda de círculos concéntricos, el más interno de los cuales, el *Heartland*, se corresponde casi idénticamente con el territorio de los imperios ruso y soviético.

El *Heartland* de Mackinder

Apoyándose en Mackinder y con el respaldo de otros pensadores del ámbito de la geopolítica, Dugin construye un mundo de polaridades, donde la principal línea divisoria es la que separa las «telurocracias» (del latín *tellus*, 'tierra') de las «talasocracias» (del griego *thalassa*, 'mar'); esto es, potencias de tierra y de mar. Ejemplos históricos de esta oposición han sido Roma y Cartago, Esparta y Atenas, Alemania e Inglaterra. Las de tierra son típicamente potencias asentadas, conservadoras, autoritarias, antiindividualistas, jerárquicas, no democráticas y sin actividad emprendedora ni comercio. Su opuesto son las potencias de mar, cuyos rasgos característicos son la marinería y el comercio, el gobierno democrático, el dinamismo, la expansión y el individualismo; son civilizaciones receptivas a nuevas ideas, que se desarrollan rápidamente y adoptan diferentes expresiones culturales.

Entre las telurocracias y las talasocracias se encuentra lo que Mackinder llama el «creciente interior o marginal» y el geopolitólogo estadounidense John Spykman llama el *Rimland* ['tierras del borde'], es decir, las regiones costeras de un país o de un continente. Estas regiones —que en Europa se corresponden con Europa occidental y meridional— son una suerte de zonas de amortiguación y se hallan bajo constante presión por dos frentes: las potencias de tierra y las potencias de mar.

Desde el siglo XVII hasta la Segunda Guerra Mundial, Inglaterra fue la talasocracia por excelencia. Después, su lugar fue ocupado por los Estados Unidos, y la Unión Soviética se convirtió en su contrapartida telurocrática tras la caída de Alemania. Tras el colapso del imperio soviético, lo que quedó fue una Rusia debilitada que no podía considerarse un rival serio. Además, Rusia ya no era un Estado comunista, sino que había tomado la ruta del capitalismo y se había acercado ideológicamente a Occidente. Este era el origen de la confusión de los oficiales de la Academia Militar.

Dugin y de Benoist supieron tranquilizarlos: el enemigo seguía siendo Estados Unidos, con su preponderancia militar y económica (en el mercado liberal). Para contrarrestarlo, Rusia debía agrupar el *Heartland* eurasiano alrededor del Estado ruso, es decir, en líneas generales, reconstruir el Imperio ruso/soviético. El país debía, además, apartarse de la ideología del liberalismo de mercado.

Dugin utiliza una retórica militante, pero no aboga por la guerra como primera opción; por lo demás, todos los medios son válidos para desestabilizar al enemigo:

[Rusia debe] sembrar el caos geopolítico en la política interior estadounidense, fomentar el separatismo y los conflictos étnicos, sociales y raciales, apoyar activamente todos los movimientos disidentes y a los grupos extremistas, racistas y sectarios.

El gas y el petróleo también deberían usarse como armas. Del mismo modo, las tendencias aislacionistas en los Estados Unidos debían fomentarse, puesto que eso beneficiaba a Rusia. Según Dugin, si el proyecto de desestabilización se expandía para abarcar América Latina y Central, la «enorme construcción del atlanticismo» podría desplomarse igual de rápida e inesperadamente que el Pacto de Varsovia y la Unión Soviética.

Los grandiosos planes imperialistas de Dugin parten de la creación de tres ejes principales: Moscú-Berlín, Moscú-Tokio y Moscú-Teherán. Cuando se materialicen estas alianzas políticas, Rusia dominará el mundo. Por su relevancia en cuanto al tema que nos ocupa, el que más nos interesa es el primer eje. La tarea de desestabilizar Estados Unidos desde el interior tiene como correlato en el continente europeo el objetivo estratégico de separar a los países europeos de los Estados Unidos y la OTAN y trabajar para lograr una Europa unida y favorable a Rusia. Esto se conseguirá cuando Moscú y Berlín entren en una Gran Alianza y se repartan entre sí los demás países.

Según los planes de Dugin, Alemania deberá dominar a los países predominantemente protestantes y católicos de Europa central y oriental que se corresponden con el antiguo Imperio austro-húngaro, además de recuperar la región de Kaliningrado (Königsberg). La influencia alemana también deberá incluir a España e Italia, que han sido históricamente antiatlantistas. Asimismo, habrá que promover la creación de un bloque franco-germánico, dada la fuerte tradición antiatlantista de estos países.

> El Imperio europeo no debe oprimir a las naciones europeas, no debe subyugarlas a los alemanes ni a los rusos, sino, por el contrario, liberarlas de la civilización del consumo cuantitativo y el mercado, revitalizar sus energías nacionales fundamentales y devolverlas al seno de la historia como sujetos políticos independientes, vitales y plenamente desarrollados, cuya libertad estará garantizada por el poder estratégico del conjunto de Eurasia.

Con la excepción de Estonia (que en tiempos perteneció a la Orden Teutónica), las antiguas repúblicas soviéticas, así como Polonia, habrán de incorporarse a la esfera de poder rusa. Finlandia también se integrará en Rusia como parte de la República Autónoma de Carelia (establecida durante la era soviética). Los países ortodoxos en la zona norte de los Balcanes, especialmente Serbia y Bulgaria, históricamente prorrusas, según el esquema de Dugin pasarán a formar parte del «Sur de Rusia». Esta región también engloba Moldavia y el sur y el este de Ucrania, el Cáucaso, Kazajistán, Turkmenistán, Uzbekistán, Kirguistán y Tayikistán, así como Mongolia. En otras palabras, la visión de Dugin corresponde al territorio del antiguo imperio soviético más los Balcanes.

Uno de los principales problemas para la creación de una nueva Rusia eurasiana es Ucrania, que para Dugin no es más que un cordón sanitario, y en el proyecto eurasiano no hay lugar para zonas de seguridad de ese tipo. «Ucrania como Estado no tiene ningún significado geopolítico, [...] ni singularidad geográfica, ni exclusividad étnica». Su papel histórico se ve reflejado en su nombre, que significa «periferia». Como Estado independiente, Ucrania supone «un enorme peligro para el conjunto de Eurasia», puesto que separa a Rusia del mar Negro, cuya costa norte tiene una enorme importancia en la geopolítica rusa. «La costa norte del mar Negro debe ser exclusivamente eurasiana y estar bajo el control absoluto de Moscú». Si el «problema ucraniano» no se resuelve, según Dugin, puede acabar desencadenando un conflicto armado. Uno puede pensar lo que quiera sobre Dugin, pero no podemos dejar de reconocerle un cierto talento profético.

El Estado que se establezca en el continente eurasiano debe consistir en una ideocracia gobernada por una aristocracia espiritual. Esta idea nos es ya familiar por estar presente en el eurasianismo clásico, pero también la encontramos en Julius Evola (1898-1974), un pensador fascista italiano cuyas ideas Dugin presentó y popularizó en su libro *El camino de lo absoluto*. Evola profesaba un «tradicionalismo total», una corriente filosófica fundada por el místico sufí francés René Guénon (1886-1951). Según Guénon, todas las religiones del mundo surgieron de un mismo núcleo esotérico, revelado a la humanidad por vía divina. El mundo moderno es una creación profana, y el objetivo es restablecer el contacto con su origen divino.

Para Guénon, los ecos de este origen divino se aprecian sobre todo en religiones orientales como el sufismo y el budismo zen. En el universo conceptual de Dugin, se escucha también con igual claridad el cristianismo de la ortodoxia griega. Escribió sobre ello en *La metafísica del Evangelio* y volvió sobre el tema en *Fundamentos de Geopolítica*. En el universo de Dugin, la cúspide de la jerarquía social está ocupada por la Iglesia, que es la que cimienta la sociedad. El ideal es la sinfonía entre Iglesia y Estado que existía en Bizancio y que el eurasianismo clásico ensalzaba: «La conexión directa entre el reino de Dios y el reino terrenal en su forma más perfecta y armoniosa». El Estado bizantino era, sencillamente, «el auténtico reino milenario del que hablan las profecías y el Antiguo y Nuevo Testamentos», y Rusia era su sucesora por línea directa.

El análisis geopolítico de Dugin y su sueño de un Imperio ruso milenario son bizarros hasta rozar la locura. Y sin embargo, se difundieron con rapidez. Si bien hasta entonces sus teorías habían interesado sobre todo a los cuerpos de seguridad y al ejército, tras publicar *Fundamentos de Geopolítica* comenzó a cosechar apoyos en los niveles más altos de la política. En otoño del año 2000, Dugin conoció a Vladímir Putin, que había obtenido la presidencia en mayo de ese año. No está claro en qué medida Putin estaba familiarizado con las ideas del eurasianismo, pero las pautas para el desarrollo de la política exterior que se publicaron ese mismo año condenaban «la tendencia a crear un mundo unipolar, dominado a nivel económico y militar por Estados Unidos» y afirmaban que la fuerza de Rusia radicaba en su «posición geopolítica en tanto que el Estado eurasiano de mayor tamaño». Durante una visita a la capital kazaja, Pu-

tin habló en la Universidad Nacional Eurasiana, citó a Lev
Gumilev y explicó que Rusia «siempre se ha sentido un país
eurasiano».

De repente, Rusia tenía una nueva ideología de Estado.
A la pregunta de por qué esta función la acabó desempe-
ñando el eurasianismo, un periodista ruso respondió de la
siguiente manera:

> Aquí encontramos ideas que responden a las necesidades
> psicológicas de la sociedad: una alternativa al romance fallido
> con Occidente, mesianismo al estilo tradicional, una mística
> religiosa estirada más allá de sus posibilidades que comparti-
> mos con Asia. También es un camino trillado: el culto a las
> raíces eslavófilas [...]. Tras verse privada de su idea anterior,
> la nación está buscando una misión. Pero también hay razo-
> nes más concretas. El régimen necesita una nueva ideología,
> pero esta debe ser tradicional, «totalizadora y grandiosa».
> Todo esto está felizmente combinado en el eurasianismo.

Veintinueve

La explicación de Putin, según la cual Rusia siempre se ha visto a sí misma como un país eurasiano, fue para Dugin «una constatación grandiosa y revolucionaria que marcó una época, que, de hecho, lo cambia todo», y lo llevó a declarar triunfalmente que el nuevo milenio pertenecía al eurasianismo.

Si Dugin acertó en su profecía, el futuro lo dirá. Sin embargo, lo que resulta innegable es que, con Putin, Rusia entró en un nuevo siglo. Pero no en el siglo XXI, sino de vuelta en el XIX. No hablamos en términos de desarrollo técnico y social, sino a nivel ideológico y filosófico. Los más de veinte años de Vladímir Putin en el poder como presidente y primer ministro han estado marcados por una evolución constante que ha llevado de la creencia en el libre mercado a un capitalismo de Estado, de una tentativa de democracia al estilo occidental a la parodia de una democracia, de un panorama mediático pluralista a uno dirigido por el Estado..., en resumen, del «europeísmo» y el liberalismo al conservadurismo y el nacionalismo. Con el fin de asegurarse el apoyo popular para sus políticas, el régimen ha insuflado una nueva vida al legado de una ideología que la mayoría de la gente creía olvidada para siempre.

Al mismo tiempo que, con el cambio de milenio, el péndulo ideológico volvía a oscilar hacia los valores rusos tradicionales, se produjo una cierta reconciliación con la era comunista, cuyo *pathos* colectivista y antiindividualista se halla profundamente arraigado en el pensamiento ruso. ¿No eran las granjas colectivas variantes —si bien fallidas— de las comunidades campesinas de los eslavófilos? Al igual que Rusia, la Unión Soviética también fue un imperio poderoso y temido. Los crímenes estalinistas fueron condenados (aunque no por todos), pero también podían interpretarse como una manifestación de la capacidad histórica del pueblo ruso para soportar el sufrimiento, de su «apasionamiento». Otro ejemplo de esta cualidad es que, según Putin, la victoria en la Segunda Guerra Mundial, la Gran Guerra Patria, se debió enteramente a la actuación de la Unión Soviética, que fue, además, la única víctima del conflicto. De forma similar, a pesar de las terribles persecuciones contra la Iglesia, los líderes religiosos del país describieron la era comunista como un período más cristiano que el mundo occidental en la actualidad, ya que «la sociedad soviética fue capaz de conservar sus raíces cristianas y evitar los procesos destructivos que hoy en día tienen lugar en Europa y Estados Unidos», en palabras del actual cabeza de la Iglesia, el patriarca Kirill[5].

Puesto que grandes sectores de la población experimentaron el colapso de la Unión Soviética como algo negativo,

5. https://ria.ru/religion/20160525/1439347404.html.

habría sido poco sensato por parte de las autoridades rechazar sin más la era soviética. En su lugar, trataron de incorporarla a la historia y la mitología histórica rusas. Una de las manifestaciones de este empeño fue el modo de resolver la cuestión de los símbolos del Estado. El tema ya se había debatido durante la época de Yeltsin, pero se trataba de un asunto sensible y no se había llegado a ningún acuerdo. En uno de sus primeros decretos como presidente, en diciembre del año 2000, Putin declaró que la bandera y el escudo de armas serían los mismos que durante la era zarista —esto es, respectivamente, la tricolor y el águila bicéfala—, mientras que el himno nacional sería el himno soviético, que había estado prohibido desde 1991. (Serguéi Mijalkov, autor del texto original de 1944, seguía vivo y afortunadamente era lo bastante flexible ideológicamente para que no le importase sustituir a Lenin por Dios).

La evolución de Rusia en su camino para convertirse en un bastión del conservadurismo se detuvo por un tiempo tras los ataques a las Torres Gemelas el 11 de septiembre de 2001. En esta ocasión, Putin fue el primero en contactar al presidente Bush para trasladarle sus condolencias y su apoyo. Que sus palabras eran sinceras queda de manifiesto en el hecho de que se aseguró de que Estados Unidos pudiera establecer una línea de abastecimiento con las fuerzas estadounidenses en Afganistán a través de una base aérea en Kirguistán, un país con cuyo gobierno Rusia mantenía lazos estrechos. Otro gesto fue cerrar las bases militares rusas en Vietnam y en Cuba. Además, en una visita de Estado a Polonia en enero de 2002, Putin dio un giro ideológico de 180 grados y declaró que «Rusia es un país europeo y no un país eurasiano».

La diligencia del gobierno ruso a la hora de ofrecer ayuda a Estados Unidos tras los ataques terroristas estaba motivada por la propia experiencia de terrorismo doméstico en Rusia en la zona del Cáucaso, especialmente en Chechenia, y parece haber sido sincera. La respuesta de Estados Unidos fue objeto de muchas críticas, y no solo por parte de los enemigos del país. Según el antiguo embajador estadounidense en Moscú, Jack F. Matlock, lo único que Putin recibió fueron «algunos elogios vacíos» del presidente Bush,

> que a continuación respondió con el equivalente diplomático de varios golpes sorpresivos en la entrepierna: expandir aún más la OTAN en las zonas del Báltico y los Balcanes, con planes para establecer allí bases estadounidenses; retirarse del Tratado sobre Misiles Antibalísticos; invadir Irak sin la aprobación del Consejo de Seguridad de las Naciones Unidas; participar abiertamente en las «revoluciones de colores» en Ucrania, Georgia y Kirguistán, y seguidamente, poniendo a prueba algunas de las líneas rojas más firmes que cualquier dirigente ruso podría trazar, proponer la introducción de Georgia y Ucrania en la OTAN[6].

Es una forma de verlo. Otra forma igualmente razonable de entender el asunto es pensar que los Estados independientes deberían tener derecho a decidir sobre su propio destino y elegir a qué alianza militar quieren pertenecer, y que Rusia tiene que dejar de considerar las antiguas repúblicas soviéticas como parte de su esfera de influencia. Como

6. «Who is the bully? The U.S. has treated Russia like a loser since the end of the Cold War», *The Washington Post,* 14.3.2014.

quiera que se mire, es una realidad política que, desde el punto de vista ruso, estos países son parte de lo que suele llamarse «el extranjero cercano», una zona gris en la que Rusia considera tener intereses legítimos en toda clase de asuntos, desde la seguridad hasta la protección de las minorías rusoparlantes.

La reacción rusa a las acciones de los Estados Unidos y la OTAN fue, por tanto, contundente, casi paranoica. Las «revoluciones de colores», que llevaron al poder a presidentes prooccidentales en Ucrania y Georgia, pusieron al régimen en un estado de terror que solo con mucha dificultad puede considerarse justificado. Con el fin de evitar que la enfermedad se propagase a Rusia, una retórica nacionalista y xenófoba impregnó los medios de comunicación, y a la organización «patriótica» juvenil Los nuestros (*Nashi*) —comúnmente conocida como *Putinjugend* ['Las juventudes de Putin']— se le permitió acosar abiertamente a ciudadanos tanto rusos como extranjeros, incluido el embajador británico. «Todos debemos tomar conciencia de que tenemos al enemigo a las puertas», dijo Vladislav Surkov, vicepresidente de la Administración Presidencial y eminencia gris de Putin (él mismo mitad checheno y, por tanto, más católico que el papa). Continuaba:

> El frente está en cada ciudad, cada calle, cada casa. Debemos permanecer alerta, mostrarnos solidarios, ayudarnos los unos a los otros, aunar los esfuerzos de la ciudadanía y el Estado. [...] Los falsos liberales y los nazis de verdad cada vez tienen más en común. Reciben las mismas financiaciones del extranjero. Sienten el mismo odio. Contra la Rusia de Putin, dicen. En realidad, es contra la propia Rusia. No es algo tan extraño. El propio Dostoyevski escribió sobre esta clase de gente.

Detras de esta fuerte reacción estaba la antigua idea de que Rusia debe existir como una gran potencia o no existir. Una Rusia sin imperio no es nada. De ahí que Putin describiese la caída de la Unión Soviética como «la mayor catástrofe geopolítica del siglo», por la cual «decenas de millones de nuestros ciudadanos y compatriotas acabaron fuera de las fronteras de Rusia». Los acontecimientos de los años 2003-2004 reforzaron a Rusia en la sospecha de que Estados Unidos estaba tratando de crear un mundo unipolar a expensas de su debilitamiento.

Tras la tercera victoria electoral de Putin en la primavera de 2012, se aceleró el proceso por el que venía gestándose un sentimiento antioccidental cada vez más fuerte y, como consecuencia, un creciente nacionalismo. El otoño anterior habían tenido lugar enormes manifestaciones, no solo en Moscú y San Petersburgo, sino por toda Rusia, en protesta contra el amaño evidente de las elecciones a la Duma. Putin, que era entonces primer ministro, se mostró atónito y acusó a Hillary Clinton y al Departamento de Estado de los Estados Unidos de estar detrás de las manifestaciones. Su reacción fue casi histérica: «¡No dejaremos que nadie interfiera en nuestros asuntos internos! ¡Somos un pueblo vencedor! Está en nuestros genes, en nuestro código genético». Unos meses más tarde, se organizó una contramanifestación en Moscú, liderada por Dugin, Projanov y otros nacionalistas extremistas, en la que se acusaba a los «quintacolumnistas» y «agentes domésticos» de querer destruir Rusia desde dentro. Los portavoces habían sido designados por Putin.

La elección de Putin como presidente fue recibida con enormes protestas callejeras, a las que se llamó por el nombre de la plaza en la que se reunían los manifestantes: la plaza Bolotnaya —la misma en la que en su día fue ejecutado el rebelde Pugachov—. Para Putin, estos acontecimientos hicieron evidente que el único bando político con cuyo apoyo podía contar era el de los nacionalistas rusos. Así pues, decidió jugar la carta del nacionalismo. Con el doble objetivo de fortalecer la autoestima nacional de los rusos e incitarlos a la xenofobia, se adoptaron una serie de medidas llamativas: se prohibió la adopción de niños rusos a estadounidenses, se restringió la distribución de películas extranjeras, se introdujeron restricciones en los viajes permitidos a los funcionarios rusos, se amplió el presupuesto militar. En nombre de la «sinfonía», se aprobó una ley que prohibía la blasfemia (o «herir sentimientos religiosos», según queda expresado en el texto de la ley). Criticar a la Iglesia se volvió tan peligroso como lo había sido apoyarla durante la era soviética, como tuvo ocasión de comprobar la banda de punk Pussy Riot.

El nacionalismo había pasado a ser el posicionamiento ideológico del Estado, y se recurrió a una propaganda desatada en los medios de comunicación, controlados por el Estado, para inculcar los nuevos mandamientos a la población.

Treinta

¿Iba el siglo XXI a dar comienzo al milenio del eurasianismo, como había predicho Dugin al inicio de la primera presidencia de Putin? Había indicios de que tal era la ambición de Putin. Al igual que había dado comienzo a su primer período presidencial explicando que Rusia siempre se había visto a sí misma como un país eurasiano, a los seis meses de empezar su tercer mandato alabó al padre del neoeurasianismo. En su discurso al Consejo de la Federación en diciembre de 2012 dijo:

> Quiero que todos entendamos con claridad lo siguiente: los próximos años van a ser cruciales. Quién se abre camino y quién se queda fuera, perdiendo inevitablemente su independencia, dependerá no solo del potencial económico, sino, sobre todo, de la voluntad de cada nación, de su energía interna, de lo que Lev Gumilev llamó su apasionamiento, de la capacidad de avanzar y aceptar los cambios.

La referencia a Gumilev y al apasionamiento, como señala Charles Clover en su libro sobre el nacionalismo ruso, *Black wind, white snow,* probablemente pasó desapercibida para la mayor parte de la audiencia. Por otra parte, no estaba destinada al público general, sino que era una señal para indicar a la élite política y a los responsables de la propaganda —en especial, los medios de comunicación— que el eurasianismo debía tomarse en serio. De hecho, esta alusión a Gumilev y el apasionamiento no es sino una de las múltiples pistas verbales similares con las que Putin ha tenido la costumbre de sazonar sus discursos en los últimos años y que reflejan su evolución hacia el eurasianismo. El término «occidental» ha sido reemplazado con el término geopolíticamente más acertado de «atlántico» o «euroatlántico», y los Estados/Estados-nación son denominados «civilizaciones» con cada vez más frecuencia, en la línea del eurasianismo. Para caracterizar la diversidad cultural y religiosa de la civilización rusa, Putin usa el término «complejidad floreciente», acuñado, como hemos visto, por el filósofo reaccionario del siglo XIX Konstantín Leontiev.

Una iniciativa de gran valor simbólico fue la propuesta de crear una Unión Eurasiática, que se presentó originalmente en un artículo periodístico en el que Putin desarrollaba su programa político para las elecciones a la presidencia de 2012. La comunidad que proponía sería una ampliación de la unión aduanera creada en 2010 entre Rusia, Bielorrusia y Kazajistán. En un discurso político en septiembre de 2013, Putin declaró que el siglo XXI

va a ser testigo de grandes cambios, de la formación de enormes áreas geopolíticas: financiera y económica, cultural, civilizacional, político-militar. Nuestra prioridad absoluta es, por lo tanto, lograr una integración cercana con nuestros vecinos. [...] La Unión Eurasiana supone una oportunidad para todo el territorio postsoviético de convertirse en un centro de desarrollo global independiente y no en una periferia de Europa y Asia.

El proyecto constituía un desafío directo a la Unión Europea, que había tentado a las repúblicas soviéticas con la posibilidad de convertirse en Estados miembros. Se instauró un tribunal eurasiano en Minsk, a imagen de la Unión Europea, y se hablaba, como objetivos para el futuro, de una unión monetaria, así como de una unión política de mayor alcance. La ambición subyacente era obvia: tratar de restablecer el antiguo imperio soviético bajo un nuevo nombre, una Unión Eurasiana en lugar de Soviética. Si el proyecto tenía éxito, Putin, como los príncipes moscovitas de los siglos XV y XVI, pasaría a la historia como «agrupador de las tierras rusas».

La noción de imperio es una de las constantes históricas que definen la autopercepción de Rusia como nación. Se sustenta en hechos y sueños históricos y geopolíticos, pero también en la convicción de que Rusia es una civilización distinta y superior, una versión mejorada de Europa: de que Rusia es la verdadera Europa, en contraposición a la falsa Europa, que ha renunciado a su identidad original, ha perdido su brújula moral y ya no sabe distinguir el bien del mal. En otras palabras, «la idea rusa». No es coincidencia que, en un eco del siglo XIX, en los últimos años se haya vuelto a describir la civilización occidental como una civilización que está «podrida» o «pudriéndose». Todas las melodías suenan en el mismo coro, y nadie ha expresado la opinión oficial de Rusia acerca del colapso moral de Occidente mejor que el propio director:

> Podemos ver cuántos de los países euroatlánticos han emprendido, en la práctica, un camino que los lleva a rechazar sus raíces, entre ellas, los valores cristianos que son la base de la civilización occidental. Reniegan de sus principios morales y de sus identidades tradicionales: cultural, religiosa e incluso sexual. Se adoptan ideas que equiparan grandes familias a uniones del mismo sexo, la fe en Dios a la fe en Satán. En sus excesos, la corrección política llega tan lejos como para que se considere seriamente registrar partidos que promueven la pedofilia. En muchos países europeos, a la gente le da vergüenza hablar de su religiosidad. Los fines de semana han sido abolidos, o se los llama de otra manera, de forma que quede oculto el significado mismo del fin de semana, su base moral. Y este modelo trata de imponérsenos a todos, al mundo entero. Estoy convencido de que esto conduce directamente a la degradación y a la primitivización, a una profunda crisis demográfica y moral.

Esta declaración se hizo en 2013, en el mismo foro de discusión en el que Putin presentó sus ideas acerca de una unión eurasiana. Para evitar la crisis demográfica y moral que ya está afectando a Occidente, Rusia, según su presidente, debe desarrollar una «nueva idea nacional». La amenaza externa y las catástrofes que acosaron a Rusia durante el siglo XX hacen que resulte necesaria una conversación acerca de la identidad de la nación: «Es evidente que no podemos seguir desarrollándonos si no logramos definirnos espiritual, cultural, nacionalmente».

Era la primera vez que se hablaba del concepto de una idea nacional desde que Yeltsin planteara la cuestión por primera vez en 1996. Putin no lo dijo explícitamente, pero a la audiencia no le quedó duda acerca de hacia dónde discurrían los pensamientos del presidente:

> La soberanía, la independencia y la integridad geográfica de Rusia no son negociables —dijo Putin—. Son las «líneas rojas» que nadie puede cruzar. Sean cuales sean nuestras diferencias de opinión, una conversación sobre nuestra identidad, sobre el futuro de la nación, requiere que todos los participantes tengan una mentalidad patriótica. Los que carecen de una «mentalidad patriótica» no tienen cabida en la conversación sobre la idea nacional de Rusia.

En abril de 2014, durante su rueda de prensa anual, televisada en directo, Putin volvió a mencionar el «código genético singularmente fuerte» que une a los pueblos «del mundo ruso», el cual se ha desarrollado a lo largo de milenios y «constituye una de las mayores ventajas competitivas del país en el mundo actual». Fue una aparición extraña, marcada por disquisiciones genéticas sin sentido y un discurso misticista sobre la sangre. Su objetivo principal fue recalcar una vez más la singularidad histórica y cultural de Rusia y la necesidad de movilizarse como país contra las amenazas externas.

Según Putin, es característico del «hombre en el mundo ruso» el hecho de ser consciente de que hay «una misión moral superior, un principio moral superior» y, por tanto, el estar «menos centrado en su preciada individualidad». En esto se distingue del hombre occidental, que vive solo para sí y para quien el único criterio de felicidad es su propio éxito. «Para nosotros, esto no es suficiente», subrayó Putin, para continuar con un razonamiento «apasionado» acerca de la capacidad de Rusia para soportar el sufrimiento y la muerte:

> Pienso que el famoso dicho de «juntos, incluso la muerte es hermosa» solo podría haber nacido [en Rusia]. ¿Qué significa? ¿Qué es la muerte? Es algo terrible. No. Cuando estamos juntos, resulta que incluso la muerte es hermosa. ¿Qué significa «juntos»? Significa la muerte por los amigos, por el pueblo o, por usar una palabra moderna, por la patria.

Es en esta disposición al sacrificio, según Putin, donde se hallan «las profundas raíces de nuestro patriotismo»:

> De ahí el heroísmo masivo durante conflictos armados y guerras y los actos de sacrificio en tiempo de paz. De ahí el sentimiento de avanzar tomados del brazo, de ahí nuestros valores familiares. Por supuesto, somos menos pragmáticos, menos calculadores que las personas de otros pueblos, pero, en cambio, nuestras almas son más amplias. Tal vez la grandeza de nuestro país se vea reflejada en esto, en su extensión infinita. Nuestras almas son más generosas.

Un mes más tarde, tuvo lugar el primer paso hacia el desarrollo de una idea nacional. No sucedió de forma directa, sino a través de un artículo que examinaba las políticas oficiales de cultura en Rusia y que incluía algunas de las declaraciones de Putin arriba citadas (para entonces, sus palabras habían empezado a citarse en los medios con tanta frecuencia como las de los líderes comunistas).

Formalmente, el autor del artículo era Vladímir Medinski, un encarnizado antiliberal, autor de libros nacionalistas y revisionistas de temática histórica —entre ellos, *Mitos sobre Rusia* (no traducido al castellano)— y ministro de Cultura entre 2012 y 2020. La sección más llamativa del artículo trataba sobre Rusia en cuanto que civilización. El texto subraya que Rusia debe distanciarse de la visión «liberal occidental» según la cual existe una sola trayectoria histórica, a saber, la occidental, y todas las demás vías de desarrollo suponen una desviación de la norma. Reconocemos aquí la idea de Danilevski y Gumilev, que también aparecen mencionados en el texto, junto con el politólogo estadounidense Samuel Huntington (que considera que los futuros conflictos no serán entre países, sino entre civilizaciones) y el historiador británico Arnold Toynbee (en cuyo modelo Rusia constituye el decimocuarto de veintiún tipos de civilización).

Según el artículo, la humanidad se compone de un gran número de comunidades —«superetnos, civilizaciones, culturas»— que se diferencian unas de otras por sus sistemas de valores y su visión del mundo que las rodea. Dentro del marco de esta teoría, Rusia debería

> ser considerada una civilización única y con características distintivas que no puede reducirse ni a «Occidente» («Europa») ni a «Oriente». Esta situación puede expresarse resumidamente mediante la tesis «Rusia no es Europa», que se ve confirmada por toda la historia del país y su pueblo, y por las muchas diferencias culturales y de civilización entre los representantes de la cultura rusa y de otras comunidades.

El texto provocó una avalancha de críticas por parte de intelectuales y académicos. La réplica más despiadada y venenosa vino por parte del instituto filosófico de la Academia de las Ciencias de Rusia y estaba firmada por los 27 miembros de la academia. Comenzaba señalando que el proyecto decía formular una ideología obligatoria para todos, lo cual es anticonstitucional. Según los firmantes, la propuesta contenía además tantas declaraciones parciales, incorrectas y directamente falsas que difícilmente podía considerarse «al nivel del ensayo de un estudiante». Lo que mayores objeciones suscitó fue la elección de palabras en la frase «Rusia no es Europa». Como señalaron los miembros de la Academia, muchas de las mentes más brillantes de Rusia a lo largo de la historia habían defendido precisamente la opinión contraria.

Las críticas al artículo de debate fueron tan fuertes que la frase sobre Rusia y Europa fue eliminada, y no solo eso. Cuando las «Bases para una política cultural estatal» fueron aprobadas mediante un decreto presidencial un año más tarde, la sección acerca de Rusia como civilización había desaparecido. Lo que quedaba eran frases conservadoras de carácter general que afirmaban que el cometido de la cultura es educar a la gente en un «espíritu de patriotismo y orgullo nacional» y apoyar los «valores y normas tradicionales de la civilización rusa», incluyendo los «valores familiares tradicionales». En este trabajo educativo, la Iglesia ortodoxa ha de desempeñar un papel central.

El texto definitivo era, pues, un documento mucho menos controvertido que el artículo de debate. Sin embargo, el ministro de Cultura no quiso rendirse: el ministerio acompañó la publicación del decreto presidencial con un comentario que explicaba cómo debía interpretarse, en el que se reiteraba el razonamiento sobre cómo Rusia constituía una civilización única. La tesis de que Rusia no es Europa, sin embargo, había desaparecido. Además de lo dudoso de su veracidad, habría supuesto un mentís rotundo a la Instrucción de Catalina la Grande en 1767, que afirmaba orgullosamente que «Rusia es un reino europeo».

La publicación contenía también un artículo del propio Medinski donde se exponían las normas para la obtención de ayudas estatales a la cultura. Según estas normas, aquellas actividades culturales que deseen contar con apoyo estatal deberán reflejar ciertos valores: «servir a la patria», «la unidad y continuidad de la historia milenaria de Rusia» y «los valores de la familia y la comunidad humana», entre otros. El Estado no prohíbe nada, pero las ayudas económicas solo se conceden a aquellos que compartan esos valores.

En el vocabulario oficial de la era de Putin, el binomio «tradicional»/«no tradicional» se utiliza para describir fenómenos sociales, culturales o sexuales «normales» y desviados, respectivamente. Según Medinski, un artista no tradicional se merece recibir ayuda estatal igual de poco que la medicina no tradicional, especialmente porque sus experimentos no se llevan a cabo en un paciente individual, sino sobre «miles de almas»: «Si queremos que la gente mejore, debemos mostrar ejemplos mejores».

La Rusia de hoy es distinta de sus predecesoras zarista y de la Unión Soviética. Por ejemplo, no hay censura artística más allá de la autocensura que el propio artista elija imponerse. Sin embargo, todas estas formas de Estado diferentes tienen algo en común: la opinión de que la cultura debería ser socialmente conservadora y educativa. Los valores que defiende el ministro de Cultura podrían haber sido formulados sin problema en 1840 o en 1940 —en el segundo caso, cambiando el adjetivo «tradicional» por «comunista»—.

En la historia rusa, la cultura siempre ha sido mucho más que cultura, ha sido parte de la identidad nacional. Por ello, en el decreto sobre la política estatal de cultura, esta es presentada como un arma en la lucha del país por su supervivencia: «La política estatal de cultura es una parte integral de la estrategia de seguridad nacional». O, en palabras de Medinski: «Si el Estado no crea y alimenta su cultura, otro la creará y alimentará. Y entonces acabaréis teniendo que alimentar a un ejército extranjero».

El decreto sobre la política estatal de cultura no define una idea nacional, pero el embrión de dicha idea está ahí, en el párrafo que afirma que la cultura debe educar al individuo «en un espíritu de patriotismo y orgullo nacional». En un encuentro con empresarios rusos dos años más tarde, en febrero de 2016, Putin decidió expresar su opinión: «No puede haber otra idea unificadora que el patriotismo —explicó—. Esa es la idea nacional».

No cabe duda de que actualmente la noción de patriotismo responde a la idea nacional de Rusia, la «idea rusa». La cuestión es si puede llegar a convertirse en la ideología oficial del Estado. Esto requiere cambiar la Constitución. Pero ¿es eso necesario para Putin? Su posición es tal que, si declara que la idea nacional es el patriotismo, eso es lo que es. Incluso sin un cambio en la Constitución, la idea del patriotismo impregna la sociedad rusa a todos los niveles, desde el sistema educativo hasta las fuerzas armadas. Un ejemplo de la movilización patriótica de la sociedad rusa es el ejército joven (*Yunarmiya*), que se formó en el otoño de 2016. Este «movimiento militar patriótico solo para rusos» se compone de jóvenes de 11 a 18 años a los que no solo se les educa en el espíritu patriótico, sino que también aprenden a usar un Kalashnikov para defender a Rusia de sus enemigos.

Treinta y uno

No cabe duda de que las ideas de Aleksandr Dugin han triunfado y están influenciando el discurso político de la Rusia actual, exactamente como él predijo. El patriotismo oficial es una consecuencia natural de la concepción eurasiana de la civilización rusa como una civilización especial y superior a la occidental. Y los métodos de Rusia para desestabilizar a Estados Unidos y a Europa a través del gas, el petróleo, la desinformación y el apoyo a fuerzas antidemocráticas siguen, como hemos visto, la receta de Dugin al pie de la letra.

El movimiento eurasiano también ha servido de avanzadilla para recuperar algunas ideas formuladas originalmente en el siglo XIX que, en el transcurso de los últimos treinta años, han experimentado un resurgir sorprendente. Estas incluyen tanto la visión de Occidente como el papel de la Iglesia en la sociedad. El rechazo de Putin a las ideas liberales en la década de 1990 es un eco directo de la condena, por parte de los eslavófilos, de los intentos de occidentalización de Pedro el Grande y sus sucesores. Del mismo modo, tras setenta años de opresión comunista, la Iglesia vuelve a ser parte indivisible del Estado ruso.

Con su defensa de los valores tradicionales frente a la secularización y la decadencia moral, la Rusia actual ha recuperado su papel como baluarte conservador de Europa, el mismo que en su día desempeñó el régimen de Nicolás I. En efecto, si puede trazarse un paralelismo histórico, es con la era de Nicolás.

Las comparaciones históricas siempre cojean, y la analogía entre la Rusia de Nicolás I y la Rusia de Putin, por supuesto, no se sostiene si la examinamos en detalle. Es una cuestión de paralelismos estructurales y de un clima social similar. En ambos casos se trata de ideocracias antiliberales y conservadoras, gobernadas por una élite que defiende su poder por todos los medios imaginables, inclusive mediante la violencia y el abuso de la ley. Al igual que Nicolás I, Putin aplasta brutalmente toda protesta contra su régimen. (Las manifestaciones en la plaza Bolotnaya en 2012 constituyeron su revuelta decembrista y él reaccionó con la misma determinación paranoica que su antecesor, el zar). Las dos Rusias son Estados que protegen sus intereses por medio de un sistema de seguridad policial con un poder ilimitado y brutal; la era de Nicolás fue un reinado de terror de principio a fin, la de Putin va camino de serlo. En los dos casos se recurre a expresiones socialmente conservadoras para legitimar el poder. Los equivalentes de Putin para la «Autocracia» de Nicolás I son la «democracia controlada» y el «poder vertical», mientras que *narodnost* se corresponde con «patriotismo». En ambos casos, la necesidad de eslóganes y proyectos para definir una identidad refleja una sociedad que, aunque puede parecer estable, en realidad es todo lo contrario.

Treinta y dos

La meta final de Vladímir Putin es traer de vuelta el Imperio ruso/soviético. Es así como quiere ser recordado. No ha declarado esta ambición públicamente, pero el mismo otoño en que presentó su plan para lograr una unión eurasiana, en una conversación privada hizo una declaración que reveló claramente su ambición mesiánica. Esto me lo contó, en septiembre de 2013, un periodista ruso que estaba trabajando en un documental sobre Putin para la televisión. Me dijo cómo, con la cámara apagada, un presidente malhumorado e irritado se había quejado amargamente de su pueblo ruso, que no mostraba ni comprensión ni gratitud algunas por el duro trabajo que estaba realizando por ellos. Acabó su letanía de agravios con una frase tan llamativa que la anoté de inmediato: *Pora mne voiti v istoriyu*, 'Ya es hora de que pase a la historia'.

Seis meses más tarde, en marzo de 2014, Crimea fue anexionada e incorporada a la Federación Rusa. Más adelante en ese mismo año, partes de la región del Dombás, al este de Ucrania, fueron ocupadas por separatistas rusos, apoyados por el Kremlin. Y en febrero de 2022, tras años de histeria nacionalista y de una propaganda ferozmente antiucraniana en los medios controlados por el Estado, Rusia invadió Ucrania, desencadenando la peor crisis política en Europa desde la Segunda Guerra Mundial.

Cuando este ensayo se publique, es posible que la guerra en Ucrania aún continúe. Una guerra que ha sido aceptada y bendecida, sin que ello sea motivo de sorpresa, por el cabeza de la Iglesia ortodoxa rusa, el patriarca Kirill, que afirma que «la rusofobia se está extendiendo por Occidente a una velocidad inaudita». Por esta razón, Rusia ha «entrado en un conflicto cuya relevancia no es física, sino metafísica». Estado e Iglesia son uno, unidos en armonía sinfónica.

Fuera de Rusia, la gente ve la guerra contra Ucrania no solo como algo incomprensible, sino irracional, hasta el punto de que se ha llegado a poner en cuestión la salud mental de Vladímir Putin. Sin embargo, el deseo de este de controlar y, posiblemente, subyugar a Ucrania no es sino una consecuencia lógica de la ideología que formularon originalmente los eslavófilos y Dostoyevski, y que luego fue desarrollada por Danilevski, Leontiev, los eurasianos, Dugin y otros: «la idea rusa», puesta en práctica de un modo sangriento. No es ninguna coincidencia que la delegación rusa encargada de las negociaciones con Ucrania esté presidida por uno de los defensores más destacados de esa idea, el antiguo ministro de Cultura, el fanático nacionalista Vladímir Medinski.

En cuanto a la salud mental del presidente, la mejor respuesta la encontramos en las palabras de Polonio, en *Hamlet*: «Aunque esté loco, hay método en su locura».

Treinta y tres

Hay dos motivos principales de que la Rusia de Putin esté dándole la espalda al mundo exterior y, en su lugar, se esté replegando sobre sí misma: la convicción acerca de su superioridad como civilización, combinada con el hecho de sentirse incomprendida, humillada y ofendida —por la OTAN, por la Unión Europea, por el mundo en general, por todos aquellos de quienes se dice que no entienden la singularidad y la trayectoria histórica de Rusia—. Cuanto mayor es el sentimiento de ofensa, más fuerte es el sentimiento de haber sido elegido. Los ortodoxos (fieles) contra los heterodoxos (infieles), Bizancio contra Roma; «Nosotros» contra «Ellos». Si uno se tiene por elegido y fracasa, siempre es culpa de otro —y, en la historia de Rusia, ese otro es siempre Occidente—.

Esta perspectiva es, a su vez, un reflejo de la naturaleza dual de la cultura rusa. El dualismo está profundamente arraigado en la conciencia rusa y parece tener sus orígenes en el cristianismo ortodoxo. En la Iglesia católica, al hombre se le da la oportunidad de purificarse en el purgatorio. En otras palabras, la vida en la Tierra permite tres tipos de comportamiento: pecaminoso, santo y neutro. En la Iglesia ortodoxa rusa, no existe la opción de una penitencia, solo se admiten dos modos de vida: santa o pecaminosa, fiel o herética. No se acepta el comportamiento neutro.

Esta arraigada visión del mundo ha tenido una gran importancia en el desarrollo de la sociedad rusa. El comportamiento neutro es una reserva intelectual y social a partir de la cual se desarrollan las estructuras del futuro, garantiza transiciones relativamente suaves de una etapa histórica a otra. Así sucede en Europa Occidental. En Rusia, sin embargo, la sociedad se desarrolla a saltos, en erupciones; los cambios de poder están marcados por rechazos en los que a lo antiguo se le da completamente la vuelta. Como hemos visto, casi todos los zares rusos revocaron las leyes y decisiones de sus predecesores y, con la Revolución de 1917, se invirtió la sociedad entera, el negro se convirtió en blanco y el blanco se convirtió en negro. Por ejemplo, la ideología que determinaba todos los aspectos de la sociedad zarista, la religión, se transformó en un ateísmo militante que situaba al Partido en el lugar de la Iglesia. Con la caída del comunismo, todo volvió a su antiguo ser. La tercera vía, representada en política por el liberalismo, nunca ha sido una opción viable en la política rusa.

El filósofo que ha reflexionado con mayor profundidad acerca de la identidad de Rusia es Nikolái Berdiáyev, a quien he citado varias veces a lo largo de estas páginas. Fue deportado tras la revolución bolchevique, tras lo cual vivió y trabajó en Francia, donde murió en 1948. Como muchos otros emigrantes, dedicó un gran esfuerzo y varios libros a tratar de comprender y explicar la singularidad de Rusia. Uno de esos libros, *El origen y el significado del comunismo* (no traducido al castellano), estaba escrito expresamente para un público extranjero. Se publicó en alemán en 1937 y en ruso (en París) solo tras la muerte del autor.

Fiel a la idea de la naturaleza mayormente dualista de la civilización rusa, Berdiáyev consideraba que Rusia únicamente puede existir en dos estados, como anarquía o como dictadura. Más adelante, otro emigrante ruso en París propuso una variante de esta idea. Se trataba del brillante autor Andréi Siniavski, el cual, en una entrevista que le hice, describió Rusia como «un saco fuertemente atado y lleno a rebosar de algo, unos dicen que oro y otros que arena». Si haces un agujero en el saco, este explota y a ello le siguen el caos y la anarquía.

De forma similar, según Berdiáyev, el pueblo ruso solo puede describirse por medio de antítesis: un pueblo al que le encanta tener un Estado y un gobernante fuertes, pero que al mismo tiempo es extraordinariamente amante de la libertad. Un pueblo que da a luz a tiranos como Iván el Terrible y Pedro el Grande, pero también a insurgentes anarquistas como Stenka Razin y Yemelián Pugachov, así como a nihilistas y revolucionarios. Un pueblo cruel, pero al mismo tiempo capaz de una bondad ilimitada y de una profunda compasión.

En la era soviética, muchos creían que solo si el sistema soviético colapsaba podría Rusia reformarse e incorporarse a la comunidad democrática occidental. No fue esto lo que sucedió. No solo porque todo lleva más tiempo de lo que uno piensa o desea, sino porque muchos de los fenómenos que se entendían como «soviéticos» eran, de hecho, variaciones sobre el tema ruso: autocracia, burocracia, leyes arbitrarias, corrupción, todo lo que históricamente ha caracterizado el ejercicio del poder político en Rusia. El desarrollo ideológico a lo largo de los treinta años que han pasado desde el colapso de la Unión Soviética sugiere también que la mayoría de los rusos nunca ha querido desviarse de ese camino histórico que plantó su primer hito ante las puertas doradas de Bizancio.

La historia rusa avanza en círculos, y el país se aproxima unas veces, y otras veces se aleja de la «civilización germano-romance», por utilizar el término de Nikolái Danilevski. Así, el régimen represivo, nacionalista y antioccidental de la actualidad será reemplazado algún día por otro sistema caracterizado por una mayor tolerancia tanto dentro del país como hacia el exterior. No obstante, es poco probable que esto suceda mientras Vladímir Putin siga en el poder.

La cuestión no es entonces si se producirá un giro hacia Occidente, sino cuándo llegará y si logrará romper la trayectoria cíclica que ha caracterizado la historia rusa durante siglos. Esto es, si prevalecerá un nuevo Estado ruso al estilo europeo o si, pasadas una o dos generaciones, el país volverá a darle la espalda a Occidente y a sumirse en la introspección y la xenofobia. Una cosa es cierta: cualquier intento de imponer a Rusia una cultura política y económica desde el extranjero está condenado al fracaso. Lo mismo es válido para las reformas que se inician dentro del país pero que no cuentan con el apoyo de una mayoría de la población. La historia nos lo demuestra: la razón por la que han fracasado todos los intentos de reforma desde los tiempos de Pedro el Grande es que siempre se ha tratado de proyectos elitistas, contra los que las fuerzas conservadoras de la sociedad rusa no han tenido dificultad en movilizar a las masas populares.

Para que este patrón cíclico se rompa harán falta profundos cambios sociales, legales y mentales. El Estado tendrá que dejar de percibir la diversidad como una amenaza y será necesario crear unas funciones sociales lo bastante fuertes y estables para acabar de una vez por todas con las estructuras que a lo largo de la historia le han otorgado a la élite su poder casi ilimitado. Muchas de estas cosas ya existen sobre el papel, pero no en la realidad: la libertad de los medios y la libertad de expresión, las elecciones libres, un sistema legal independiente. Sin estas cosas, la experiencia nos dice que la alternancia cíclica entre períodos de apertura al exterior y períodos de ombliguismo nacional seguirá su curso centenario.

2017-2022

Apéndices

Gobernantes de Rusia desde el siglo XVII hasta la actualidad

Dinastía Románov

Miguel I 1612-1645

Alejandro Mijailóvich 1645-1676

Fiódor III 1676-1682

Pedro I 1682-1725, casado con 1) Eudoxia Lopujiná 2) Marta Skavrónskaya. Gobernó junto con su medio-hermano Iván V 1682-
1696

Catalina I (nacida Marta Skavrónskaya) 1725-1727

Pedro II 1727-1730

Anna 1730-1740

Iván VI 1740-1741 (asesinado en 1764)

Isabel 1741-1762

Pedro III (nacido Karl Peter Ulrich von Schleswig-Holstein) enero-
julio de 1762 (asesinado), casado con Sophie Friederike Auguste
von Anhalt-Zerbst

Catalina II 1762-1796, casada con Pedro III

Pablo I 1796-1801 (asesinado), casado con 1) Wilhelmine Luise von
Hessen-Darmstadt 2) Sophie Dorothee von Württemberg

Alejandro I 1801-1825, casado con Louise Maria Augusta von Baden

Nicolás I 1825-1855, casado con Friederike Luise Charlotte Wilhelmine von Preussen

Alejandro II 1855-1881 (asesinado), casado con 1) Maximiliane Wilhelmine Auguste Sophie Marie von Hessen-Darmstadt 2) Catalina Dolgorúkova (no oficial)

Alejandro III 1881-1894, casado con la princesa danesa Marie Sophie Frederikke Dagmar

Nicolás II 1894-1917 (asesinado en 1918), casado con Victoria Alix Helena Louise Beatrice von Hessen

Unión Soviética

Vladímir Lenin 1917-1924
Iósif Stalin 1924-1953
Nikita Jrushchov 1953-1964
Leonid Brézhnev 1964-1982
Yuri Andrópov 1982-1984
Konstantín Chernenko 1984-1985
Mijaíl Gorbachov 1985-1991

Federación Rusa

Boris Yeltsin 1991-1999
Vladímir Putin 2000-2008
Dmitri Medvédev 2008-2012
Vladímir Putin 2012-

Bibliografía selecta

Bassin, Mark, «Eurasianism 'Classical' and 'Neo': The Lines of Continuity», en: Tetsuo Mochizuki (ed.), *Beyond the Empire: Images of Russia in the Eurasian Cultural Context*, Sappuro: Slavic Research Center, 2008.

Bassin, Mark, *et al., Between Europe and Asia: The Origins, Theories, and Legacies of Russian Eurasianism,* Pittsburgh: University of Pittsburgh Press, 2015.

Berlin, Isaiah, *Russian Thinkers*, Londres: Penguin Books, 1978.

Besançon, Alain, *Sainte Russie*, París: Éditions de Fallois, 2012.

Billington, James H., *The Icon and the Axe: An Interpretative History of Russian Culture,* Nueva York: Vintage Books, 1970.

Chamberlain, Lesley, *Motherland: A Philosophical History of Russia*, Londres: Atlantic Books, 2004.

Clover, Charles, *Black Wind, White Snow: The Rise of Russia's New Nationalism*, New Haven/Londres: Yale University Press, 2016.

Custine, Astolphe de, *Lettere dalla Russia*, Milán: Adelphi, 2015.

Dunlop, John B., «Aleksandr Dugin's Foundations of Geopolitica», *Demokratizatsiya* 2004:1.

Engelstein, Laura, *Slavophile Empire: Imperial Russia's Illiberal Path*, Ithaca: Cornell University Press, 2009.

Hingley, Ronald, *The Russian Secret Police: Muscovite, Imperial Russian and Soviet Political Security Operations*, Nueva York: Dorset Press, 1970.

Jangfeldt, Bengt, *Svenska vägar till S:t Petersburg*, Estocolmo: Wahlström & Widstrand, 1998.

—, *En rysk historia*, Estocolmo: Wahlström & Widstrand 2015.

Kochan, Lionel, *The Making of Modern Russia*, Londres: Penguin Books, 1962.

Lincoln, W. Bruce, *Nicholas I: Emperor and Autocrat of all the Russias*, Worcester/Londres: Allan Lane, 1978.

Malia, Martin, *Russia under Western Eyes: From the Bronze Horseman to the Lenin Mausoleum*, Cambridge, Mass./Londres: The Belknap Press of Harvard University Press, 1999.

Massie, Robert K., *Pietro il Grande,* Milán: Rizzoli, 1985.

Neumann, Iver B., *Russia and the Idea of Europe: A Study in Identity and International Relations*, Nueva York/Londres: Routledge, 1996.

Pipes, Richard (ed.), *The Russian Intelligentsia*, Nueva York: Columbia University Press, 1961.

Riasanovsky, Nicolas, *Nicholas I and Official Nationality in Russia 1825-1855*, Berkeley/Los Ángeles/Londres: University of California Press, 1959.

—, *Russia and the West in the Teaching of the Slavophiles: A Study of Romantic Ideology*, Gloucester, Mass.: Peter Smith, 1965.

—, *Russian Identities: A Historical Survey*, Oxford: Oxford University Press, 2005.

Schmidt, Matthew, «Is Putin pursuing a Policy of Eurasianism?», *Demokratizatsiya* 2005:1.

Thaden, Edward C., *Interpreting History: Collective Essays on Russia's Relations with Europe,* Boulder: Columbia University Press, 1990.

Troyat, Henri, *La grande Catarina,* Milán: Bompiani, 2004.

—, *Alexander of Russia: Napoleon's Conqueror*, Nueva York: Fromm, 1986.

—, *Alexandre II: Le Tsar-Libérateur*, París: Flammarion, 1992.

Tschizewskij, Dmitrij, *Russian Intellectual History,* Ann Arbor: Ardis, 1978.

Walicki, Andrzej, *The flow of ideas: Russian Thought from the Enlightenment to the Religiousphilosophical Renaissance*, Frankfurt am Main: Peter Lang Edition, 2015.

Whittaker, Cynthia H., *The Origins of Modern Russian Education: An Intellectual Biography of Count Sergei Uvarov*, 1786–1855, Northern Illinois Press, 1984.

Wittram, Reinhard, *Russia and Europe*, Londres: Thames and Hudson, 1973.

Wortman, Richard S., *Myth and Ceremony in Russian Monarchy from Peter the Great to the Abdication of Nicholas II*, Princeton: Princeton University Press, 2006.

Yasmann, Victor, «Red Religion: An Ideology of Neo-Messianic Russian Fundamentalism», *Demokratizatsiya* 1993:1.

Young, Sarah, «Russian thought lecture 2: the Slavophiles and Russian communality», http://sarahjyoung.com/site/2012/10/24/russian-thought-lecture-2-the-slavophiles-and-russian-communality.

Zygar, Michail, *All the Kremlin's Men: Inside the Court of Vladimir Putin*, Nueva York: Public Affairs, 2016.

Fuentes en ruso

Agursky, Michail, *Ideologija natsional-bol'shevizma*, París: YMCA-Press, 1980.

Anisimov, Jevgeny, *Istoriia Rossii ot Rjurika do Putina*, San Petersburgo: Piter, 2016.

Annenkov, Pavel, *Literaturnye vospominaniia*, Moscú: Gosizdat, 1960.

Berdyayev, Nikolaj, *Sud'ba Rossii. Shornik statei 1914-1917*, Moscú, 1918.

—, *Russkaja ideya*, París: YMCA-Press, 1971 (1946).

—, *Istoki I smysl russkogo kommunizma*, París: YMCA-Press 1955

Chaadayev, Pjotr, *Polnoe sobranie socjinenii I izbrannye pis'ma,* I–II, Moscú: Nauka, 1991.

Danilevsky, Nikolai, *Rossija i Yevropa*, Moscú: Terra, 2008.

Dugin, Aleksandr, *Osnovy geopolitiki: Geopoliticheskoe budushchee Rossii*, Moscú: Arktogeja, 1997.

—, *Metafizika blagoi vesti,* Moscú: Arktogeja, 1997.

Gerzen, Aleksandr, *Byloe i dumy,* Moscú, 1976.

Gordin, Yakov (ed.), *Nikolai I bez retushi,* Moscú: Amfora, 2013.

Istoria Rossii XX vek: 1894-1939, Moscú: AST, 2011

Kantor, Vladimir, *Russkij yevropeets kak yavlenie kul'tury,* Moscú: Rosspen, 2001.

Karamzin, Nikolai, *Pis'ma russkogo puteshestvennika,* Leningrado: Nauka, 1984.

Khomjakov, Alexej, *Sochineniia v dvukh tomakh,* Moscú: Medium, 1994.

Kireyevsky, Ivan, *Polnoe sobranie sochinenii v dvukh tomakh,* Moscú, 1911.

Klyuchevsky, Vasili, *Russkaja istoriia. Polnyi kurs lektsii,* Moscú, 1993.

Korolyov, A.A., «Stanovlenie i razvitie yevraziiskikh idei», *Znanie. Ponimanie. Umenie,* 2014:4.

Lotman, Jurij y Boris Uspensky, «Rol' dual'nyckh modelei v dinamike russkoj kul'tury (do kontsa XVIII veka)», *Trudy po russkoi i slavjanskoi filologii XXVIII: Literaturovednie,* Tartu, 1977.

Orlov, Igor, «Natsional'naia ideia Rossii kak mekhanizm dukhovnoj mobilizatsii i civilizatsion-noi identichnosti», *Mir i politika* 2010:7.

Solovyov, Vladimir, *Natsional'nii vopros v Rossii,* Moscú: AST, 2007.

Trubetskoy, Nikolaj, *Nasledie Chingizkhana: Vzglyad na russkuju istoriju ne s Zapada, a s Vostoka,* Moscú: Eksmo, 1999.

Uspensky, Boris, «Russkaia intelligentsiia kak spetsifitcheskii fenomen russkoj kul'tury», *Russkaia intelligentsiia i zapadnyj intellektualizm: Istoriia i tipologiia,* Moscú: OGI, 1999.

Ustryalov, Nikolaj, *Natsional-bol'shevizm,* Moscú: Algoritm, 2003.

Vasilenko, I.A., A.S. Panarin *et all, Filosofiia istorii,* Moscú: Gardarike, 2001.

Vekhi: Shornik statij o russkoi intelligentsii, Moscú, 1909.

Wortman, Richard «"Ofitsial'naia narodnost" i natsional'nyy mif rossijskoi monarkhii XIV veka», *Rossiia/Russia,* Moscú: OGI, 1999.

Yanov, Alexander, *Russkaja ideya ot Nikolaia I do Putina,* I–II, Moscú: Novyj chronograf, 2014.

Zorin, Andrej, *Kormya dvuglavogo orla: literatura i gosudarstvennaia ideologiia v Rossii v poslednei treti XVIII–pervoi treti XIX veka*, Moscú: Novoe literaturnoe obozrenie, 2001.

Índice onomástico

Índice onomástico